suhrkamp taschenbuch 277

Max Frisch, am 15. Mai 1911 in Zürich geboren, starb dort am 4. April 1991. Seine wichtigsten Prosaveröffentlichungen: *Tagebuch 1946-1949* (1950), *Stiller* (1954), *Homo faber* (1957), *Mein Name sei Gantenbein* (1964), *Tagebuch 1966-1971* (1972), *Dienstbüchlein* (1974), *Montauk* (1975), *Der Traum des Apothekers von Locarno*. Erzählungen (1978), *Der Mensch erscheint im Holozän. Eine Erzählung* (1979), *Blaubart,* Erzählung (1982). Stücke u. a.: *Graf Öderland* (1951), *Don Juan oder Die Liebe zur Geometrie* (1953), *Biedermann und die Brandstifter* (1958), *Andorra* (1961), *Biografie: Ein Spiel* (1967), *Triptychon. Drei szenische Bilder* (1978). Sein Werk erscheint im Suhrkamp Verlag.

Die Kernzelle von *Andorra* findet sich in Max Frischs *Tagebuch* als Eintragung des Jahres 1946. Andorra ist der Name für ein Modell: Es zeigt den Prozeß einer Bewußtseinsveränderung, abgehandelt an der Figur des jungen Andri, den die Umwelt so lange zum Anderssein zwingt, bis er es als sein Schicksal annimmt. Dieses Schicksal heißt in Max Frischs Stück »Judsein«. Das Schauspiel erschien als Buchausgabe zuerst 1961.

»Frisch hat das Drama eines unheilbaren Vorurteils geschrieben. Er hat sich ... dabei auf die Frage nach dem *Wie* beschränkt. Nicht *warum* die Andorraner antisemitisch reagieren, wird erörtert, sondern auf welche Weise sie es tun. Das Drama fragt sich nicht in Menschen hinein, sondern es stellt fest. Am Anfang gleicht es beinahe einer dramatisierten Soziologie gesellschaftlich vermittelter antisemitischer Verhaltensweisen.«

Joachim Kaiser, Süddeutsche Zeitung

Max Frisch
Andorra

Stück in zwölf
Bildern

Suhrkamp

Das Andorra dieses Stücks hat nichts zu tun mit dem wirklichen Kleinstaat dieses Namens, gemeint ist auch nicht ein andrer wirklicher Kleinstaat; Andorra ist der Name für ein Modell. *M.F.*

Die Fabel des Stückes ist als Prosaskizze im »Tagebuch 1946-1949« veröffentlicht. Die Arbeit am Stück wurde 1958 begonnen, im Herbst 1960 wiederaufgenommen und im Herbst 1961 abgeschlossen. Die Uraufführung fand am 2. November 1961 im Schauspielhaus Zürich statt.

Umschlagabbildung:
André Ficus. Max Frisch, 1964

suhrkamp taschenbuch 277
Erste Auflage 1975
© 1961 Suhrkamp Verlag Frankfurt am Main
Aufführungsrechte nur durch den Suhrkamp Verlag
Suhrkamp Taschenbuch Verlag
Alle Rechte vorbehalten, insbesondere das
des öffentlichen Vortrags, der Übertragung
durch Rundfunk und Fernsehen sowie der
Übersetzung, auch einzelner Teile.
Kein Teil des Werkes darf in irgendeiner Form
(durch Fotografie, Mikrofilm oder andere Verfahren)
ohne schriftliche Genehmigung des Verlages reproduziert
oder unter Verwendung elektronischer Systeme
verarbeitet, vervielfältigt oder verbreitet werden.
Satz: IBV Lichtsatz KG, Berlin
Druck: Ebner & Spiegel, Ulm
Printed in Germany
Umschlag: Göllner, Michels, Zegarzewski
ISBN 3-518-36777-3

65 66 67 – 10 09 08 07

Andorra

*Dem Zürcher Schauspielhaus
gewidmet in alter Freundschaft und Dankbarkeit*

Personen

ANDRI	DER SOLDAT
BARBLIN	DER WIRT
DER LEHRER	DER TISCHLER
DIE MUTTER	DER DOKTOR
DIE SENORA	DER GESELLE
DER PATER	DER JEMAND

Stumm

EIN IDIOT
DIE SOLDATEN IN SCHWARZER UNIFORM
DER JUDENSCHAUER
DAS ANDORRANISCHE VOLK

Erstes Bild

*Vor einem andorranischen Haus. Barblin weißelt die
schmale und hohe Mauer mit einem Pinsel an lan-
gem Stecken. Ein andorranischer Soldat, olivgrau,
lehnt an der Mauer.*

BARBLIN Wenn du nicht die ganze Zeit auf meine Waden gaffst, dann kannst du ja sehn, was ich mache.
Ich weiße. Weil morgen Sanktgeorgstag ist, falls du
das vergessen hast. Ich weiße das Haus meines Vaters. Und was macht ihr Soldaten? Ihr lungert in allen Gassen herum, eure Daumen im Gurt, und
schielt uns in die Bluse, wenn eine sich bückt.

Der Soldat lacht.

Ich bin verlobt.

SOLDAT Verlobt!

BARBLIN Lach nicht immer wie ein Michelin-Männ-
chen.

SOLDAT Hat er eine Hühnerbrust?

BARBLIN Wieso?

SOLDAT Daß du ihn nicht zeigen kannst.

BARBLIN Laß mich in Ruh!

SOLDAT Oder Plattfüße?

BARBLIN Wieso soll er Plattfüße haben?

SOLDAT Jedenfalls tanzt er nicht mit dir.

Barblin weißelt.

Vielleicht ein Engel!

Der Soldat lacht.

Daß ich ihn noch nie gesehen hab.

BARBLIN Ich bin verlobt!

SOLDAT Von Ringlein seh ich aber nichts.

BARBLIN Ich bin verlobt,

Barblin taucht den Pinsel in den Eimer.

und überhaupt – dich mag ich nicht.

Im Vordergrund, rechts, steht ein Orchestrion. Hier erscheinen – während Barblin weißelt – der Tischler, ein behäbiger Mann, und hinter ihm Andri als Küchenjunge.

TISCHLER Wo ist mein Stock?

ANDRI Hier, Herr Tischlermeister.

TISCHLER Eine Plage, immer diese Trinkgelder, kaum hat man den Beutel eingesteckt –

Andri gibt den Stock und bekommt ein Trinkgeld, das er ins Orchestrion wirft, so daß Musik ertönt, während der Tischler vorn über die Szene spaziert, wo Barblin, da der Tischler nicht auszuweichen gedenkt, ihren Eimer wegnehmen muß. Andri trocknet einen Teller, indem er sich zur Musik bewegt, und verschwindet dann, die Musik mit ihm.

BARBLIN Jetzt stehst du noch immer da?

SOLDAT Ich hab Urlaub.

BARBLIN Was willst du noch wissen?

SOLDAT Wer dein Bräutigam sein soll.

Barblin weißelt.

Alle weißeln das Haus ihrer Väter, weil morgen Sanktgeorgstag ist, und der Kohlensack rennt in allen Gassen herum, weil morgen Sanktgeorgstag ist: Weißelt, ihr Jungfraun, weißelt das Haus eurer Väter, auf daß wir ein weißes Andorra haben, ihr Jungfraun, ein schneeweißes Andorra!

BARBLIN Der Kohlensack – wer ist denn das wieder?

SOLDAT Bist du eine Jungfrau?

Der Soldat lacht.

Also du magst mich nicht.

BARBLIN Nein.

SOLDAT Das hat schon manch eine gesagt, aber bekommen hab ich sie doch, wenn mir ihre Waden gefallen und ihr Haar.

Barblin streckt ihm die Zunge heraus.

Und ihre rote Zunge dazu!

Der Soldat nimmt sich eine Zigarette und blickt am Haus hinauf.

Wo hast du deine Kammer?

Auftritt ein Pater, der ein Fahrrad schiebt.

PATER So gefällt es mir, Barblin, so gefällt es mir aber. Wir werden ein weißes Andorra haben, ihr Jungfraun, ein schneeweißes Andorra, wenn bloß kein Platzregen kommt über Nacht.

Der Soldat lacht.

Ist Vater nicht zu Hause?

SOLDAT Wenn bloß kein Platzregen kommt über Nacht! Nämlich seine Kirche ist nicht so weiß, wie sie tut, das hat sich herausgestellt, nämlich seine Kirche ist auch nur aus Erde gemacht, und die Erde ist rot, und wenn ein Platzregen kommt, das saut euch jedesmal die Tünche herab, als hätte man eine Sau drauf geschlachtet, eure schneeweiße Tünche von eurer schneeweißen Kirche.

Der Soldat streckt die Hand nach Regen aus.

Wenn bloß kein Platzregen kommt über Nacht!

Der Soldat lacht und verzieht sich.

PATER Was hat der hier zu suchen?

BARBLIN Ist's wahr, Hochwürden, was die Leut sagen? Sie werden uns überfallen, die Schwarzen da drüben, weil sie neidisch sind auf unsre weißen Häuser. Eines Morgens, früh um vier, werden sie kommen mit tausend schwarzen Panzern, die kreuz und quer durch unsre Äcker rollen, und mit Fallschirmen wie graue Heuschrecken vom Himmel herab.

PATER Wer sagt das?

BARBLIN Peider, der Soldat.

Barblin taucht den Pinsel in den Eimer.

Vater ist nicht zu Haus.

PATER Ich hätt es mir denken können.

Pause

Warum trinkt er soviel in letzter Zeit? Und dann beschimpft er alle Welt. Er vergißt, wer er ist. Warum redet er immer solches Zeug?

BARBLIN Ich weiß nicht, was Vater in der Pinte redet.

PATER Er sieht Gespenster. Haben sich hierzuland nicht alle entrüstet über die Schwarzen da drüben, als sie es trieben wie beim Kindermord zu Bethlehem, und Kleider gesammelt für die Flüchtlinge damals? Er sagt, wir sind nicht besser als die Schwarzen da drüben. Warum sagt er das die ganze Zeit? Die Leute nehmen es ihm übel, das wundert mich nicht. Ein Lehrer sollte nicht so reden. Und warum glaubt er jedes Gerücht, das in die Pinte kommt?

Pause

Kein Mensch verfolgt euren Andri –

Barblin hält inne und horcht

– noch hat man eurem Andri kein Haar gekrümmt.

Barblin weißelt weiter.
Ich sehe, du nimmst es genau, du bist kein Kind
mehr, du arbeitest wie ein erwachsenes Mädchen.
BARBLIN Ich bin ja neunzehn.
PATER Und noch nicht verlobt?
Barblin schweigt.
Ich hoffe, dieser Peider hat kein Glück bei dir.
BARBLIN Nein.
PATER Der hat schmutzige Augen.
Pause
Hat er dir Angst gemacht? Um wichtig zu tun.
Warum sollen sie uns überfallen? Unsre Täler sind
eng, unsre Äcker sind steinig und steil, unsere Oli-
ven werden auch nicht saftiger als anderswo. Was
sollen die wollen von uns? Wer unsern Roggen will,
der muß ihn mit der Sichel holen und muß sich bük-
ken Schritt vor Schritt. Andorra ist ein schönes
Land, aber ein armes Land. Ein friedliches Land,
ein schwaches Land – ein frommes Land, so wir
Gott fürchten, und das tun wir, mein Kind, nicht
wahr?
Barblin weißelt.
Nicht wahr?
BARBLIN Und wenn sie trotzdem kommen?
Eine Vesperglocke, kurz und monoton.
PATER Wir sehn uns morgen, Barblin, sag deinem Va-
ter, Sankt Georg möchte ihn nicht betrunken sehn.
Der Pater steigt auf sein Rad.
Oder sag lieber nichts, sonst tobt er nur, aber hab
acht auf ihn.
Der Pater fährt lautlos davon.

BARBLIN Und wenn sie trotzdem kommen, Hochwürden?

Im Vordergrund rechts, beim Orchestrion, erscheint der Jemand, hinter ihm Andri als Küchenjunge.

JEMAND Wo ist mein Hut?

ANDRI Hier, mein Herr.

JEMAND Ein schwüler Abend, ich glaub, es hängt ein Gewitter in der Luft…

Andri gibt den Hut und bekommt ein Trinkgeld, das er ins Orchestrion wirft, aber er drückt noch nicht auf den Knopf, sondern pfeift nur und sucht auf dem Plattenwähler, während der Jemand vorn über die Szene geht, wo er stehenbleibt vor Barblin, die weißelt und nicht bemerkt hat, daß der Pater weggefahren ist.

BARBLIN Ist's wahr, Hochwürden, was die Leut sagen? Sie sagen: Wenn einmal die Schwarzen kommen, dann wird jeder, der Jud ist, auf der Stelle geholt. Man bindet ihn an einen Pfahl, sagen sie, man schießt ihn ins Genick. Ist das wahr oder ist das ein Gerücht? Und wenn er eine Braut hat, die wird geschoren, sagen sie, wie ein räudiger Hund.

JEMAND Was hältst denn du für Reden?

Barblin wendet sich und erschrickt.

JEMAND Guten Abend.

BARBLIN Guten Abend.

JEMAND Ein schöner Abend heut.

Barblin nimmt den Eimer.

Aber schwül.

BARBLIN Ja.

JEMAND Es hängt etwas in der Luft.

BARBLIN Was meinen Sie damit?

JEMAND Ein Gewitter. Wie alles wartet auf Wind, das Laub und die Stores und der Staub. Dabei seh ich keine Wolke am Himmel, aber man spürt's. So eine heiße Stille. Die Mücken spüren's auch. So eine trockene und faule Stille. Ich glaub, es hängt ein Gewitter in der Luft, ein schweres Gewitter, dem Land tät's gut...

Barblin geht ins Haus, der Jemand spaziert weiter, Andri läßt das Orchestrion tönen, die gleiche Platte wie zuvor, und verschwindet, einen Teller trocknend. Man sieht den Platz von Andorra. Der Tischler und der Lehrer sitzen vor der Pinte. Die Musik ist aus.

LEHRER Nämlich es handelt sich um meinen Sohn.

TISCHLER Ich sagte: 50 Pfund.

LEHRER – um meinen Pflegesohn, meine ich.

TISCHLER Ich sagte: 50 Pfund.

Der Tischler klopft mit einer Münze auf den Tisch.
Ich muß gehn.

Der Tischler klopft nochmals.
Wieso will er grad Tischler werden? Tischler werden, das ist nicht einfach, wenn's einer nicht im Blut hat. Und woher soll er's im Blut haben? Ich meine ja bloß. Warum nicht Makler? Zum Beispiel. Warum nicht geht er zur Börse? Ich meine ja bloß...

LEHRER Woher kommt dieser Pfahl?

TISCHLER Ich weiß nicht, was Sie meinen.

LEHRER Dort!

TISCHLER Sie sind ja bleich.

LEHRER Ich spreche von einem Pfahl!

TISCHLER Ich seh keinen Pfahl.

LEHRER Hier!

Der Tischler muß sich umdrehen.

Ist das ein Pfahl oder ist das kein Pfahl?

TISCHLER Warum soll das kein Pfahl sein?

LEHRER Der war gestern noch nicht.

Der Tischler lacht.

's ist nicht zum Lachen, Prader, Sie wissen genau,
was ich meine.

TISCHLER Sie sehen Gespenster.

LEHRER Wozu ist dieser Pfahl?

Tischler klopft mit der Münze auf den Tisch.

Ich bin nicht betrunken. Ich sehe, was da ist, und ich
sage, was ich sehe, und ihr alle seht es auch –

TISCHLER Ich muß gehn.

*Der Tischler wirft eine Münze auf den Tisch und er-
hebt sich.*

Ich habe gesagt: 50 Pfund.

LEHRER Das bleibt Ihr letztes Wort?

TISCHLER Ich heiße Prader.

LEHRER 50 Pfund?

TISCHLER Ich feilsche nicht.

LEHRER Sie sind ein feiner Mann, ich weiß... Prader,
das ist Wucher, 50 Pfund für eine Tischlerlehre, das
ist Wucher. Das ist ein Witz, Prader, das wissen Sie
ganz genau. Ich bin Lehrer, ich habe mein schlichtes
Gehalt, ich habe kein Vermögen wie ein Tischlermeister – ich habe keine 50 Pfund, ganz rundheraus,
ich hab sie nicht!

TISCHLER Dann eben nicht.

LEHRER Prader –

TISCHLER Ich sagte: 50 Pfund.

Der Tischler geht.

LEHRER Sie werden sich wundern, wenn ich die Wahrheit sage. Ich werde dieses Volk vor seinen Spiegel zwingen, sein Lachen wird ihm gefrieren.

Auftritt der Wirt.

WIRT Was habt Ihr gehabt?

LEHRER Ich brauch einen Korn.

WIRT Ärger?

LEHRER 50 Pfund für eine Lehre!

WIRT Ich hab's gehört.

LEHRER – ich werde sie beschaffen.

Der Lehrer lacht.

Wenn's einer nicht im Blut hat!

Der Wirt wischt mit einem Lappen über die Tischlein.

Sie werden ihr eigenes Blut noch kennenlernen.

WIRT Man soll sich nicht ärgern über die eigenen Landsleute, das geht auf die Nieren und ändert die Landsleute gar nicht. Natürlich ist's Wucher! Die Andorraner sind gemütliche Leut, aber wenn es ums Geld geht, das hab ich immer gesagt, dann sind sie wie der Jud.

Der Wirt will gehen.

LEHRER Woher wißt ihr alle, wie der Jud ist?

WIRT Can –

LEHRER Woher eigentlich?

WIRT – ich hab nichts gegen deinen Andri. Wofür hältst du mich? Sonst hätt ich ihn wohl nicht als Küchenjunge genommen. Warum siehst du mich so schief an? Ich hab Zeugen. Hab ich nicht bei jeder

15

Gelegenheit gesagt, Andri ist eine Ausnahme?

LEHRER Reden wir nicht davon!

WIRT Eine regelrechte Ausnahme –

Glockenbimmeln

LEHRER Wer hat diesen Pfahl hier aufgestellt?

WIRT Wo?

LEHRER Ich bin nicht immer betrunken, wie Hochwürden meinen. Ein Pfahl ist ein Pfahl. Jemand hat ihn aufgestellt. Von gestern auf heut. Das wächst nicht aus dem Boden.

WIRT Ich weiß es nicht.

LEHRER Zu welchem Zweck?

WIRT Vielleicht das Bauamt, ich weiß nicht, das Straßenamt, irgendwo müssen die Steuern ja hin, vielleicht wird gebaut, eine Umleitung vielleicht, das weiß man nie, vielleicht die Kanalisation –

LEHRER Vielleicht.

WIRT Oder das Telefon –

LEHRER Vielleicht auch nicht.

WIRT Ich weiß nicht, was du hast.

LEHRER Und wozu der Strick dabei?

WIRT Weiß ich's.

LEHRER Ich sehe keine Gespenster, ich bin nicht verrückt, ich seh einen Pfahl, der sich eignet für allerlei –

WIRT Was ist dabei!

Der Wirt geht in die Pinte. Der Lehrer allein. Wieder Glockenbimmeln. Der Pater im Meßgewand geht mit raschen Schritten über den Platz, gefolgt von Meßknaben, deren Weihrauchgefäße einen starken Duft hinterlassen. Der Wirt kommt mit dem

16

Schnaps.
WIRT 50 Pfund will er?
LEHRER – ich werde sie beschaffen.
WIRT Aber wie?
LEHRER Irgendwie.
Der Lehrer kippt den Schnaps.
Land verkaufen.
Der Wirt setzt sich zum Lehrer.
Irgendwie...
WIRT Wie groß ist dein Land?
LEHRER Wieso?
WIRT Ich kaufe Land jederzeit. Wenn's nicht zu teuer
ist! Ich meine: Wenn du Geld brauchst unbedingt.
Lärm in der Pinte
Ich komme!
Der Wirt greift den Lehrer am Arm.
Überleg es dir, Can, in aller Ruh, aber mehr als 50
Pfund kann ich nicht geben –
Der Wirt geht
LEHRER »Die Andorraner sind gemütliche Leut, aber
wenn es ums Geld geht, dann sind sie wie der Jud.«
*Der Lehrer kippt nochmals das leere Glas, während
Barblin, gekleidet für die Prozession, neben ihn tritt.*
BARBLIN Vater?
LEHRER Wieso bist du nicht an der Prozession?
BARBLIN Du hast versprochen, Vater, nichts zu trin-
ken am Sanktgeorgstag –
Lehrer legt eine Münze auf den Tisch.
Sie kommen hier vorbei.
LEHRER 50 Pfund für eine Lehre!
Jetzt hört man lauten und hellen Klang, Glockenge-

läute, im Hintergrund zieht die Prozession vorbei,
Barblin kniet nieder, der Lehrer bleibt sitzen. Leute
sind auf den Platz gekommen, sie knien alle nieder,
und man sieht über die Knienden hinweg: Fahnen,
die Muttergottes wird vorbeigetragen, begleitet von
aufgepflanzten Bajonetten. Alle bekreuzigen sich,
der Lehrer erhebt sich und geht in die Pinte. Die Pro-
zession ist langsam und lang und schön; der helle
Gesang verliert sich in die Ferne, das Glockengeläute
bleibt. Andri tritt aus der Pinte, während die Leute
sich der Prozession anschließen, und hält sich ab-
seits; er flüstert:

ANDRI Barblin!

Barblin bekreuzigt sich.

Hörst du mich nicht?

Barblin erhebt sich.

Barblin?!

BARBLIN Was ist?

ANDRI – ich werde Tischler!

Barblin folgt als letzte der Prozession, Andri allein.
Die Sonne scheint grün in den Bäumen heut. Heut
läuten die Glocken auch für mich.

Er zieht seine Schürze ab.

Später werde ich immer denken, daß ich jetzt gejauchzt habe. Dabei zieh ich bloß meine Schürze ab,
ich staune, wie still. Man möchte seinen Namen in
die Luft werfen wie eine Mütze, und dabei steh ich
nur da und rolle meine Schürze. So ist Glück. Nie
werde ich vergessen, wie ich jetzt hier stehe...

Krawall in der Pinte.

Barblin, wir heiraten!

18

Andri geht.

WIRT Hinaus! Er ist sternhagelvoll, dann schwatzt er
immer so. Hinaus! sag ich.

Heraus stolpert der Soldat mit der Trommel.

Ich geb dir keinen Tropfen mehr.

SOLDAT – ich bin Soldat.

WIRT Das sehen wir.

SOLDAT – und heiße Peider.

WIRT Das wissen wir.

SOLDAT Also.

WIRT Hör auf, Kerl, mit diesem Radau!

SOLDAT Wo ist sie?

WIRT Das hat doch keinen Zweck, Peider. Wenn ein
Mädchen nicht will, dann will es nicht. Steck deine
Schlegel ein! Du bist blau. Denk an das Ansehen
der Armee!

Der Wirt geht in die Pinte.

SOLDAT Hosenscheißer! Sie sind's nicht wert, daß ich
kämpfe für sie. Nein. Aber ich kämpfe. Das steht
fest. Bis zum letzten Mann, das steht fest, lieber tot
als Untertan, und drum sage ich: Also – ich bin Soldat und hab ein Aug auf sie...

Auftritt Andri, der seine Jacke anzieht.

SOLDAT Wo ist sie?

ANDRI Wer?

SOLDAT Deine Schwester.

ANDRI Ich habe keine Schwester.

SOLDAT Wo ist die Barblin?

ANDRI Warum?

SOLDAT Ich hab Urlaub und ein Aug auf sie...

Andri hat seine Jacke angezogen und will weiterge-

*hen, der Soldat stellt ihm das Bein, so daß Andri
stürzt, und lacht.*
Ein Soldat ist keine Vogelscheuche. Verstanden?
Einfach vorbeilaufen. Ich bin Soldat, das steht fest,
und du bist Jud.
Andri erhebt sich wortlos.
Oder bist du vielleicht kein Jud?
Andri schweigt.
Aber du hast Glück, ein sozusagen verfluchtes
Glück, nicht jeder Jud hat Glück so wie du, nämlich
du kannst dich beliebt machen.
Andri wischt seine Hosen ab.
Ich sage: beliebt machen!
ANDRI Bei wem?
SOLDAT Bei der Armee.
ANDRI Du stinkst ja nach Trester.
SOLDAT Was sagst du?
ANDRI Nichts.
SOLDAT Ich stinke?
ANDRI Auf sieben Schritt und gegen den Wind.
SOLDAT Paß auf, was du sagst.
Der Soldat versucht den eignen Atem zu riechen.
Ich riech nichts.
Andri lacht.
's ist nicht zum Lachen, wenn einer Jud ist, 's ist
nicht zum Lachen, du, nämlich ein Jud muß sich be-
liebt machen.
ANDRI Warum?
SOLDAT *grölt:*
»Wenn einer seine Liebe hat
und einer ist Soldat, Soldat,

das heißt Soldatenleben,
und auf den Bock
und ab den Rock –«
Gaff nicht so wie ein Herr!
»Wenn einer seine Liebe hat
und einer ist Soldat, Soldat.«
ANDRI Kann ich jetzt gehn?
SOLDAT Mein Herr!
ANDRI Ich bin kein Herr.
SOLDAT Dann halt Küchenjunge.
ANDRI Gewesen.
SOLDAT So einer wird ja nicht einmal Soldat.
ANDRI Weißt du, was das ist?
SOLDAT Geld?
ANDRI Mein Lohn. Ich werde Tischler jetzt.
SOLDAT Pfui Teufel!
ANDRI Wieso?
SOLDAT Ich sage: Pfui Teufel!
   Der Soldat schlägt ihm das Geld aus der Hand und
   lacht.
   Da!
   Andri starrt den Soldaten an.
   So'n Jud denkt alleweil nur ans Geld.
   Andri beherrscht sich mit Mühe, dann bückt er sich
   und sammelt die Münzen auf dem Pflaster.
   Also du willst dich nicht beliebt machen?
ANDRI Nein.
SOLDAT Das steht fest?
ANDRI Ja.
SOLDAT Und für deinesgleichen sollen wir kämpfen?
   Bis zum letzten Mann, weißt du, was das heißt, ein

Bataillon gegen zwölf Bataillone, das ist ausgerechnet, lieber tot als Untertan, das steht fest, aber nicht für dich!

ANDRI Was steht fest?

SOLDAT Ein Andorraner ist nicht feig. Sollen sie kommen mit ihren Fallschirmen wie die Heuschrecken vom Himmel herab, da kommen sie nicht durch, so wahr ich Peider heiße, bei mir nicht. Das steht fest. Bei mir nicht. Man wird ein blaues Wunder erleben!

ANDRI Wer wird ein blaues Wunder erleben?

SOLDAT Bei mir nicht.

Hinzu tritt ein Idiot, der nur grinsen und nicken kann. Der Soldat spricht nicht zu ihm, sondern zu einer vermeintlichen Menge.

Habt ihr das wieder gehört? Er meint, wir haben Angst. Weil er selber Angst hat! Wir kämpfen nicht, sagt er, bis zum letzten Mann, wir sterben vonwegen ihrer Übermacht, wir ziehen den Schwanz ein, wir scheißen in die Hosen, daß es zu den Stiefeln heraufkommt, das wagt er zu sagen: mir ins Gesicht, der Armee ins Gesicht!

ANDRI Ich habe kein Wort gesagt.

SOLDAT Ich frage: Habt ihr's gehört?

Idiot nickt und grinst.

Ein Andorraner hat keine Angst!

ANDRI Das sagtest du schon.

SOLDAT Aber du hast Angst!

Andri schweigt.

Weil du feig bist.

ANDRI Wieso bin ich feig?

SOLDAT Weil du Jud bist.

Idiot grinst und nickt.

So, und jetzt geh ich…

ANDRI Aber nicht zu Barblin!

SOLDAT Wie er rote Ohren hat!

ANDRI Barblin ist meine Braut.

Soldat lacht.

Das ist wahr.

SOLDAT *grölt:*

»Und mit dem Bock

und in den Rock

und ab den Rock

und mit dem Bock

und mit dem Bock –«

ANDRI Geh nur!

SOLDAT Braut! hat er gesagt.

ANDRI Barblin wird dir den Rücken drehn.

SOLDAT Dann nehm ich sie von hinten!

ANDRI – du bist ein Vieh.

SOLDAT Was sagst du?

ANDRI Ein Vieh.

SOLDAT Sag das noch einmal. Wie er zittert! Sag das
noch einmal. Aber laut, daß der ganze Platz es hört.
Sag das noch einmal.

Andri geht.

SOLDAT Was hat er da gesagt?

Idiot grinst und nickt.

Ein Vieh? Ich bin ein Vieh?

Idiot nickt und grinst.

Der macht sich nicht beliebt bei mir.

Vordergrund

Der Wirt, jetzt ohne die Wirteschürze, tritt an die Zeugenschranke.

WIRT Ich gebe zu: Wir haben uns in dieser Geschichte alle getäuscht. Damals. Natürlich hab ich geglaubt, was alle geglaubt haben damals. Er selbst hat's geglaubt. Bis zuletzt. Ein Judenkind, das unser Lehrer gerettet habe von den Schwarzen da drüben, so hat's immer geheißen, und wir fanden's großartig, daß der Lehrer sich sorgte wie um einen eigenen Sohn. Ich jedenfalls fand das großartig. Hab ich ihn vielleicht an den Pfahl gebracht? Niemand von uns hat wissen können, daß Andri wirklich sein eigner Sohn ist, der Sohn von unsrem Lehrer. Als er mein Küchenjunge war, hab ich ihn schlecht behandelt? Ich bin nicht schuld, daß es dann so gekommen ist. Das ist alles, was ich nach Jahr und Tag dazu sagen kann. Ich bin nicht schuld.

Zweites Bild

Andri und Barblin auf der Schwelle vor der Kammer der Barblin.

BARBLIN Andri, schläftst du?

ANDRI Nein.

BARBLIN Warum gibst du mir keinen Kuß?

ANDRI Ich bin wach, Barblin, ich denke.

BARBLIN Die ganze Nacht.

ANDRI Ob's wahr ist, was die andern sagen.

Barblin hat auf seinen Knien gelegen, jetzt richtet sie sich auf, sitzt und löst ihre Haare.

ANDRI Findest du, sie haben recht?

BARBLIN Fang jetzt nicht wieder an!

ANDRI Vielleicht haben sie recht.

Barblin beschäftigt sich mit ihrem Haar.

Vielleicht haben sie recht...

BARBLIN Du hast mich ganz zerzaust.

ANDRI Meinesgleichen, sagen sie, hat kein Gefühl.

BARBLIN Wer sagt das?

ANDRI Manche.

BARBLIN Jetzt schau dir meine Bluse an!

ANDRI Alle.

BARBLIN Soll ich sie ausziehen?

Barblin zieht ihre Bluse aus.

ANDRI Meinesgleichen, sagen sie, ist geil, aber ohne Gemüt, weißt du –

BARBLIN Andri, du denkst zuviel!

Barblin legt sich wieder auf seine Knie.

ANDRI Ich lieb dein Haar, dein rotes Haar, dein leichtes warmes bitteres Haar, Barblin, ich werde sterben, wenn ich es verliere.

Andri küßt ihr Haar.

Und warum schläfst denn du nicht?

Barblin horcht.

Was war das?

BARBLIN Die Katze.

Andri horcht.

Ich hab sie ja gesehen.

ANDRI War das die Katze?

BARBLIN Sie schlafen doch alle...

Barblin legt sich wieder auf seine Knie.

Küß mich!

Andri lacht.

Worüber lachst du?

ANDRI Ich muß ja dankbar sein!

BARBLIN Ich weiß nicht, wovon du redest.

ANDRI Von deinem Vater. Er hat mich gerettet, er fände es sehr undankbar von mir, wenn ich seine Tochter verführte. Ich lache, aber es ist nicht zum Lachen, wenn man den Menschen immerfort dankbar sein muß, daß man lebt.

Pause

Vielleicht bin ich drum nicht lustig.

Barblin küßt ihn.

Bist du ganz sicher, Barblin, daß du mich willst?

BARBLIN Warum fragst du das immer.

ANDRI Die andern sind lustiger.

BARBLIN Die andern!

ANDRI Vielleicht haben sie recht. Vielleicht bin ich

26

feig, sonst würde ich endlich zu deinem Alten gehn
und sagen, daß wir verlobt sind. Findest du mich
feig?

Man hört Grölen in der Ferne.

Jetzt grölen sie immer noch.

Das Grölen verliert sich.

BARBLIN Ich geh nicht mehr aus dem Haus, damit sie
mich in Ruh lassen. Ich denke an dich, Andri, den
ganzen Tag, wenn du an der Arbeit bist, und jetzt
bist du da, und wir sind allein – ich will, daß du an
mich denkst, Andri, nicht an die andern. Hörst du?
Nur an mich und an uns. Und ich will, daß du stolz
bist, Andri, fröhlich und stolz, weil ich dich liebe vor
allen andern

ANDRI Ich habe Angst, wenn ich stolz bin.

BARBLIN Und jetzt will ich einen Kuß.

Andri gibt ihr einen Kuß.

Viele viele Küsse!

Andri denkt.

Ich denke nicht an die andern, Andri, wenn du mich
hältst mit deinen Armen und mich küssest, glaub
mir, ich denke nicht an sie.

ANDRI – aber ich.

BARBLIN Du mit deinen andern die ganze Zeit!

ANDRI Sie haben mir wieder das Bein gestellt.

Eine Turmuhr schlägt.

Ich weiß nicht, wieso ich anders bin als alle. Sag es
mir. Wieso? Ich seh's nicht…

Eine andere Turmuhr schlägt.

Jetzt ist es schon wieder drei.

BARBLIN Laß uns schlafen!

ANDRI Ich langweile dich.

Barblin schweigt.

Soll ich die Kerze löschen? ...du kannst schlafen, ich wecke dich um sieben.

Pause

Das ist kein Aberglaube, o nein, das gibt's, Menschen, die verflucht sind, und man kann machen mit ihnen, was man will, ihr Blick genügt, plötzlich bist du so, wie sie sagen. Das ist das Böse. Alle haben es in sich, keiner will es haben, und wo soll das hin? In die Luft? Es ist in der Luft, aber da bleibt's nicht lang, es muß in einen Menschen hinein, damit sie's eines Tages packen und töten können...

Andri ergreift die Kerze.

Kennst du einen Soldat namens Peider?

Barblin murrt schläfrig.

Er hat ein Aug auf dich.

BARBLIN Der!

ANDRI – ich dachte, du schläfst schon.

Andri bläst die Kerze aus.

Vordergrund

Der Tischler tritt an die Zeugenschranke.

TISCHLER Ich gebe zu: Das mit den 50 Pfund für die Lehre, das war eben, weil ich ihn nicht in meiner Werkstatt wollte, und ich wußte ja, es wird nur Unannehmlichkeiten geben. Wieso wollte er nicht Verkäufer werden? Ich dachte, das würd ihm liegen. Niemand hat wissen können, daß er keiner ist. Ich kann nur sagen, daß ich es im Grund wohlmeinte mit ihm. Ich bin nicht schuld, daß es so gekommen ist später.

Man hört eine Fräse, Tischlerei, Andri und ein Geselle je mit einem fertigen Stuhl.

ANDRI Ich hab auch schon Linksaußen gespielt, wenn kein andrer wollte. Natürlich will ich, wenn eure Mannschaft mich nimmt.

GESELLE Hast du Fußballschuh?

ANDRI Nein.

GESELLE Brauchst du aber.

ANDRI Was kosten die?

GESELLE Ich hab ein altes Paar, ich verkaufe sie dir. Ferner brauchst du natürlich schwarze Shorts und ein gelbes Tschersi, das ist klar, und gelbe Strümpfe natürlich.

ANDRI Rechts bin ich stärker, aber wenn ihr einen Linksaußen braucht, also einen Eckball bring ich schon herein.

Andri reibt die Hände.

Das ist toll, Fedri, wenn das klappt.

GESELLE Warum soll's nicht?

ANDRI Das ist toll.

GESELLE Ich bin Käpten, und du bist mein Freund.

ANDRI Ich werde trainieren.

GESELLE Aber reib nicht immer die Hände, sonst lacht die ganze Tribüne.

Andri steckt die Hände in die Hosentaschen.

Hast du Zigaretten? So gib schon. Mich bellt er nicht an! Sonst erschrickt er nämlich über sein Echo. Oder hast du je gehört, daß der mich anbellt?

Der Geselle steckt sich eine Zigarette an.

ANDRI Das ist toll, Fedri, daß du mein Freund bist.

GESELLE Dein erster Stuhl?

ANDRI Wie findest du ihn?

Der Geselle nimmt den Stuhl von Andri und versucht ein Stuhlbein herauszureißen, Andri lacht.

Die sind nicht zum Ausreißen!

GESELLE So macht er's nämlich.

ANDRI Versuch's nur!

Der Geselle versucht es vergeblich.

Er kommt.

GESELLE Du hast Glück.

ANDRI Jeder rechte Stuhl ist verzapft. Wieso Glück? Nur was geleimt ist, geht aus dem Leim.

Auftritt der Tischler.

TISCHLER ... schreiben Sie diesen Herrschaften, ich heiße Prader. Ein Stuhl von Prader bricht nicht zusammen, das weiß jedes Kind, so ein Stuhl von Prader ist ein Stuhl von Prader. Und überhaupt: bezahlt ist bezahlt. Mit einem Wort: Ich feilsche nicht.

Zu den beiden:

Habt ihr Ferien?

Der Geselle verzieht sich flink.

Wer hat hier wieder geraucht?

Andri schweigt.

Ich riech es ja.

Andri schweigt.

Wenn du wenigstens den Schneid hättest –

ANDRI Heut ist Sonnabend.

TISCHLER Was hat das damit zu tun?

ANDRI Wegen meiner Lehrlingsprobe. Sie haben gesagt: Am letzten Sonnabend in diesem Monat. Hier ist mein erster Stuhl.

Der Tischler nimmt einen Stuhl.

Nicht dieser, Meister, der andere!

TISCHLER Tischler werden ist nicht einfach, wenn's einer nicht im Blut hat. Nicht einfach. Woher sollst du's im Blut haben. Das hab ich deinem Vater aber gleich gesagt. Warum gehst du nicht in den Verkauf? Wenn einer nicht aufgewachsen ist mit dem Holz, siehst du, mit unserem Holz – lobpreiset eure Zedern vom Libanon, aber hierzuland wird in andorranischer Eiche gearbeitet, mein Junge.

ANDRI Das ist Buche.

TISCHLER Meinst du, du mußt mich belehren?

ANDRI Sie wollen mich prüfen, meinte ich.

Tischler versucht ein Stuhlbein auszureißen.

Meister, das ist aber nicht meiner!

TISCHLER Da –

Der Tischler reißt ein erstes Stuhlbein aus.

Was hab ich gesagt?

Der Tischler reißt die andern drei Stuhlbeine aus.

– wie die Froschbeine, wie die Froschbeine. Und so ein Humbug soll in den Verkauf. Ein Stuhl von Prader, weißt du, was das heißt? – da,

Der Tischler wirft ihm die Trümmer vor die Füße.

schau's dir an!

ANDRI Sie irren sich.

TISCHLER Hier – das ist ein Stuhl!

Der Tischler setzt sich auf den andern Stuhl.

Hundert Kilo, Gott sei's geklagt, hundert Kilo hab ich am Leib, aber was ein rechter Stuhl ist, das ächzt

nicht, wenn ein rechter Mann sich draufsetzt, und
das wackelt nicht. Ächzt das?

ANDRI Nein.

TISCHLER Wackelt das?

ANDRI Nein.

TISCHLER Also!

ANDRI Das ist meiner.

TISCHLER – und wer soll diesen Humbug gemacht haben?

ANDRI Ich hab es Ihnen aber gleich gesagt.

TISCHLER Fedri! Fedri!

Die Fräse verstummt.

Nichts als Ärger hat man mit dir, das ist der Dank,
wenn man deinesgleichen in die Bude nimmt, ich
hab's ja geahnt.

Auftritt der Geselle.

Fedri, bist du ein Gesell oder was bist du?

GESELLE Ich –

TISCHLER Wie lang arbeitest du bei Prader & Sohn?

GESELLE Fünf Jahre.

TISCHLER Welchen Stuhl hast du gemacht? Schau sie
dir an. Diesen oder diesen? Und antworte.

Der Geselle mustert die Trümmer.

Antworte frank und blank.

GESELLE – ich…

TISCHLER Hast du verzapft oder nicht?

GESELLE – jeder rechte Stuhl ist verzapft…

TISCHLER Hörst du's?

GESELLE – nur was geleimt ist, geht aus dem Leim…

TISCHLER Du kannst gehn.

Geselle erschrickt.

In die Werkstatt, meine ich.

Der Geselle geht rasch.

Das laß dir eine Lehre sein. Aber ich hab's ja gewußt, du gehörst nicht in eine Werkstatt.

Der Tischler sitzt und stopft sich eine Pfeife.

Schad ums Holz.

Andri schweigt.

Nimm das zum Heizen.

ANDRI Nein.

Tischler zündet sich die Pfeife an.

Das ist eine Gemeinheit!

Tischler zündet sich die Pfeife an.

...ich nehm's nicht zurück, was ich gesagt habe. Sie
sitzen auf meinem Stuhl, ich sag es Ihnen, Sie lügen,
wie's Ihnen grad paßt, und zünden sich die Pfeife an.
Sie, ja, Sie! Ich hab Angst vor euch, ja, ich zittere.
Wieso hab ich kein Recht vor euch? Ich bin jung,
ich hab gedacht: Ich muß bescheiden sein. Es hat
keinen Zweck, Sie machen sich nichts aus Beweisen. Sie sitzen auf meinem Stuhl. Das kümmert Sie
aber nicht? Ich kann tun, was ich will, ihr dreht es
immer gegen mich, und der Hohn nimmt kein Ende.
Ich kann nicht länger schweigen, es zerfrißt mich.
Hören Sie denn überhaupt zu? Sie saugen an Ihrer
Pfeife herum, und ich sag Ihnen ins Gesicht: Sie lügen. Sie wissen ganz genau, wie gemein Sie sind. Sie
sind hundsgemein. Sie sitzen auf dem Stuhl, den ich
gemacht habe, und zünden sich Ihre Pfeife an. Was
hab ich Ihnen zuleid getan? Sie wollen nicht, daß ich
tauge. Warum schmähen Sie mich? Sie sitzen auf
meinem Stuhl. Alle schmähen mich und frohlocken

und hören nicht auf. Wieso seid ihr stärker als die Wahrheit? Sie wissen genau, was wahr ist, Sie sitzen drauf –

Der Tischler hat endlich die Pfeife angezündet.

Sie haben keine Scham –

TISCHLER Schnorr nicht soviel.

ANDRI Sie sehen aus wie eine Kröte!

TISCHLER Erstens ist hier keine Klagemauer.

Der Geselle und zwei andere verraten sich durch Kichern.

Soll ich eure ganze Fußballmannschaft entlassen?

Der Geselle und die andern verschwinden.

Erstens ist hier keine Klagemauer, zweitens habe ich kein Wort davon gesagt, daß ich dich deswegen entlasse. Kein Wort. Ich habe eine andere Arbeit für dich. Zieh deine Schürze aus! Ich zeige dir, wie man Bestellungen schreibt. Hörst du zu, wenn dein Meister spricht? Für jede Bestellung, die du hereinbringst mit deiner Schnorrerei, verdienst du ein halbes Pfund. Sagen wir: ein ganzes Pfund für drei Bestellungen. Ein ganzes Pfund! Das ist's was deinesgleichen im Blut hat, glaub mir, und jedermann soll tun, was er im Blut hat. Du kannst Geld verdienen, Andri, Geld, viel Geld...

Andri reglos.

Abgemacht?

Der Tischler erhebt sich und klopft Andri auf die Schulter.

Ich mein's gut mit dir.

Der Tischler geht, man hört die Fräse wieder.

ANDRI Ich wollte aber Tischler werden...

Vordergrund

Der Geselle, jetzt in einer Motorradfahrerjacke, tritt an die Zeugenschranke.

GESELLE Ich geb zu: Es war mein Stuhl und nicht sein Stuhl. Damals. Ich wollte ja nachher mit ihm reden, aber da war er schon so, daß man halt nicht mehr reden konnte mit ihm. Nachher hab ich ihn auch nicht mehr leiden können, geb ich zu. Er hat einem nicht einmal mehr guten Tag gesagt. Ich sag ja nicht, es sei ihm recht geschehen, aber es lag auch an ihm, sonst wär's nie so gekommen. Als wir ihn nochmals fragten wegen Fußball, da war er sich schon zu gut für uns. Ich bin nicht schuld, daß sie ihn geholt haben später.

Viertes Bild

Stube beim Lehrer. Andri sitzt und wird vom Doktor untersucht, der ihm einen Löffel in den Hals hält, die Mutter daneben.

ANDRI Aaaandorra.

DOKTOR Aber lauter, mein Freund, viel lauter!

ANDRI Aaaaaaandorra.

DOKTOR Habt Ihr einen längeren Löffel?

Die Mutter geht hinaus.

Wie alt bist du?

ANDRI Zwanzig.

Doktor zündet sich einen Zigarillo an.

Ich bin noch nie krank gewesen.

DOKTOR Du bist ein strammer Bursch, das seh ich, ein braver Bursch, ein gesunder Bursch, das gefällt mir, mens sana in corpore sano, wenn du weißt, was das heißt.

ANDRI Nein.

DOKTOR Was ist dein Beruf?

ANDRI Ich wollte Tischler werden –

DOKTOR Zeig deine Augen!

Der Doktor nimmt eine Lupe aus der Westentasche und prüft die Augen.

Das andre!

ANDRI Was ist das – ein Virus?

DOKTOR Ich hab deinen Vater gekannt vor zwanzig Jahren, habe gar nicht gewußt, daß er einen Sohn hat. Der Eber! So nannten wir ihn. Immer mit dem

Kopf durch die Wand! Er hat von sich reden gemacht damals, ein junger Lehrer, der die Schulbücher zerreißt, er wollte andre haben, und als er dann doch keine andern bekam, da hat er die andorranischen Kinder gelehrt, Seite um Seite mit einem schönen Rotstift anzustreichen, was in den andorranischen Schulbüchern nicht wahr ist. Und sie konnten es ihm nicht widerlegen. Er war ein Kerl. Niemand wußte, was er eigentlich wollte. Ein Teufelskerl. Die Damen waren scharf auf ihn –

Eintritt die Mutter mit dem längeren Löffel.

Euer Sohn gefällt mir.

Die Untersuchung wird fortgesetzt.

Tischler ist ein schöner Beruf, ein andorranischer Beruf, nirgends in der Welt gibt es so gute Tischler wie in Andorra, das ist bekannt.

ANDRI Aaaaaaaaaandorra!

DOKTOR Nochmal.

ANDRI Aaaaaaaaaandorra!

MUTTER Ist es schlimm, Doktor?

DOKTOR Was Doktor! Ich heiße Ferrer.

Der Doktor mißt den Puls.

Professor, genau genommen, aber ich gebe nichts auf Titel, liebe Frau. Der Andorraner ist nüchtern und schlicht, sagt man, und da ist etwas dran. Der Andorraner macht keine Bücklinge. Ich hätte Titel haben können noch und noch. Andorra ist eine Republik, das hab ich ihnen in der ganzen Welt gesagt: Nehmt euch ein Beispiel dran! Bei uns gilt ein jeder, was er ist. Warum bin ich zurückgekommen, meinen Sie, nach zwanzig Jahren?

*Der Doktor verstummt, um den Puls zählen zu kön-
nen.*

Hm.

MUTTER Ist es schlimm, Professor?

DOKTOR Liebe Frau, wenn einer in der Welt herumgekommen ist wie ich, dann weiß er, was das heißt:
Heimat! Hier ist mein Platz, Titel hin oder her, hier
bin ich verwurzelt.

Andri hustet.

Seit wann hustet er?

ANDRI Ihr Zigarillo, Professor, Ihr Zigarillo!

DOKTOR Andorra ist ein kleines Land, aber ein freies
Land. Wo gibt's das noch? Kein Vaterland in der
Welt hat einen schöneren Namen, und kein Volk
auf Erden ist so frei – Mund auf, mein Freund,
Mund auf!

*Der Doktor schaut nochmals in den Hals, dann
nimmt er den Löffel heraus.*

Ein bißchen entzündet.

ANDRI Ich?

DOKTOR Kopfweh?

ANDRI Nein.

DOKTOR Schlaflosigkeit?

ANDRI Manchmal.

DOKTOR Aha.

ANDRI Aber nicht deswegen.

*Der Doktor steckt ihm nochmals den Löffel in den
Hals.*

Aaaaaaaa-Aaaaaaaaaaaaaaaaandorra.

DOKTOR So ist's gut, mein Freund, so muß es tönen,
daß jeder Jud in den Boden versinkt, wenn er den

Namen unseres Vaterlands hört.

Andri zuckt.

Verschluck den Löffel nicht!

MUTTER Andri…

Andri ist aufgestanden.

DOKTOR Also tragisch ist es nicht, ein bißchen entzündet, ich mache mir keinerlei Sorgen, eine Pille vor jeder Mahlzeit –

ANDRI Wieso – soll der Jud – versinken im Boden?

DOKTOR Wo habe ich sie bloß.

Der Doktor kramt in seinem Köfferchen.

Das fragst du, mein junger Freund, weil du noch nie in der Welt gewesen bist. Ich kenne den Jud. Wo man hinkommt, da hockt er schon, der alles besser weiß, und du, ein schlichter Andorraner, kannst einpacken. So ist es doch. Das Schlimme am Jud ist sein Ehrgeiz. In allen Ländern der Welt hocken sie auf allen Lehrstühlen, ich hab's erfahren, und unsereinem bleibt nichts andres übrig als die Heimat. Dabei habe ich nichts gegen den Jud. Ich bin nicht für Greuel. Auch ich habe Juden gerettet, obschon ich sie nicht riechen kann. Und was ist der Dank? Sie sind nicht zu ändern. Sie hocken auf allen Lehrstühlen der Welt. Sie sind nicht zu ändern.

Der Doktor reicht die Pillen.

Hier deine Pillen!

Andri nimmt sie nicht, sondern geht.

Was hat er denn plötzlich?

MUTTER Andri! Andri!

DOKTOR Einfach rechtsumkehrt und davon…

MUTTER Das hätten Sie vorhin nicht sagen sollen, Professor, das mit dem Jud.

DOKTOR Warum denn nicht?

MUTTER Andri ist Jud.

Eintritt der Lehrer, Schulhefte im Arm.

LEHRER Was ist los?

MUTTER Nichts, reg dich nicht auf, gar nichts.

DOKTOR Das hab ich ja nicht wissen können –

LEHRER Was?

DOKTOR Wieso denn ist euer Sohn ein Jud?

Lehrer schweigt.

Ich muß schon sagen, einfach rechtsumkehrt und davon, ich habe ihn ärztlich behandelt, sogar geplaudert mit ihm, ich habe ihm erklärt, was ein Virus ist.

LEHRER Ich hab zu arbeiten.

Schweigen

MUTTER Andri ist unser Pflegesohn.

LEHRER Guten Abend.

DOKTOR Guten Abend.

Der Doktor nimmt Hut und Köfferchen.

Ich geh ja schon.

Der Doktor geht.

LEHRER Was ist wieder geschehn?

MUTTER Reg dich nicht auf!

LEHRER Wie kommt diese Existenz in mein Haus?

MUTTER Er ist der neue Amtsarzt.

Eintritt nochmals der Doktor.

DOKTOR Er soll die Pillen trotzdem nehmen.

Der Doktor zieht den Hut ab.

Bitte um Entschuldigung.

Der Doktor setzt den Hut wieder auf.

41

Was hab ich denn gesagt... bloß weil ich gesagt
habe... im Spaß natürlich, sie verstehen keinen
Spaß, das sag ich ja, hat man je einen Jud getroffen,
der Spaß versteht? Also ich nicht... dabei hab ich
bloß gesagt: Ich kenne den Jud. Die Wahrheit wird
man in Andorra wohl noch sagen dürfen...
Lehrer schweigt.
Wo hab ich jetzt meinen Hut?
*Lehrer tritt zum Doktor, nimmt ihm den Hut vom
Kopf, öffnet die Türe und wirft den Hut hinaus.*
LEHRER Dort ist Ihr Hut!
Der Doktor geht.
MUTTER Ich habe dir gesagt, du sollst dich nicht aufre-
gen. Das wird er nie verzeihen. Du verkrachst dich
mit aller Welt, das macht es dem Andri nicht leich-
ter.
LEHRER Er soll kommen.
MUTTER Andri! Andri!
LEHRER Der hat uns noch gefehlt. Der und Amtsarzt!
Ich weiß nicht, die Welt hat einen Hang, immer grad
die mieseste Wendung zu nehmen...
Eintreten Andri und Barblin.
Also ein für allemal, Andri, kümmre dich nicht um
ihr Geschwätz. Ich werde kein Unrecht dulden, das
weißt du, Andri.
ANDRI Ja, Vater.
LEHRER Wenn dieser Herr, der neuerdings unser
Amtsarzt ist, noch einmal sein dummes Maul auftut,
dieser Akademiker, dieser verkrachte, dieser
Schmugglersohn – ich hab auch geschmuggelt, ja,
wie jeder Andorraner: aber keine Titel! – dann,

sage ich, fliegt er selbst die Treppe hinunter, und zwar persönlich, nicht bloß sein Hut. *Zur Mutter:* Ich fürchte sie nicht! *Zu Andri:* Und du, verstanden, du sollst sie auch nicht fürchten. Wenn wir zusammenhalten, du und ich, wie zwei Männer, Andri, wie Freunde, wie Vater und Sohn – oder habe ich dich nicht behandelt wie meinen Sohn? Hab ich dich je zurückgesetzt? Dann sag es mir ins Gesicht. Hab ich dich anders gehalten, Andri, als meine Tochter? Sag es mir ins Gesicht. Ich warte.

ANDRI Was, Vater, soll ich sagen?

LEHRER Ich kann's nicht leiden, wenn du dastehst wie ein Meßknabe, der gestohlen hat oder was weiß ich, so artig, weil du mich fürchtest. Manchmal platzt mir der Kragen, ich weiß, ich bin ungerecht. Ich hab's nicht gezählt und gebucht, was mir als Erzieher unterlaufen ist.

Mutter deckt den Tisch.

Hat Mutter dich herzlos behandelt?

MUTTER Was hältst du denn für Reden! Man könnte meinen, du redest vor einem Publikum.

LEHRER Ich rede mit Andri.

MUTTER Also.

LEHRER Von Mann zu Mann.

MUTTER Man kann essen.

Die Mutter geht hinaus.

LEHRER Das ist eigentlich alles, was ich dir sagen wollte.

Barblin deckt den Tisch fertig.

Warum, wenn er draußen so ein großes Tier ist, bleibt er nicht draußen, dieser Professor, der's auf allen Universitäten der Welt nicht einmal zum Doktor gebracht hat? Dieser Patriot, der unser Amtsarzt geworden ist, weil er keinen Satz bilden kann ohne Heimat und Andorra. Wer denn soll schuld daran sein, daß aus seinem Ehrgeiz nichts geworden ist, wer denn, wenn nicht der Jud? – Also ich will dieses Wort nicht mehr hören.

Mutter bringt die Suppe.

Auch du, Andri, sollst dieses Wort nicht in den Mund nehmen. Verstanden? Ich duld es nicht. Sie wissen ja nicht, was sie reden, und ich will nicht, daß du am Ende noch glaubst, was sie reden. Denke dir, es ist nichts dran. Ein für allemal. Verstanden? Ein für allemal.

MUTTER Bist du fertig?

LEHRER 's ist auch nichts dran.

MUTTER Dann schneid uns das Brot.

Lehrer schneidet das Brot.

ANDRI Ich wollte etwas andres fragen...

Mutter schöpft die Suppe.

Vielleicht wißt ihr es aber schon. Nichts ist geschehn, ihr braucht nicht immer zu erschrecken. Ich weiß nicht, wie man so etwas sagt: – Ich werde einundzwanzig, und Barblin ist neunzehn...

LEHRER Und?

ANDRI Wir möchten heiraten.

Lehrer läßt das Brot fallen.

Ja, ich bin gekommen, um zu fragen – ich wollte es tun, wenn ich die Tischlerprobe bestanden habe, aber daraus wird ja nichts – Wir wollen uns jetzt verloben, damit die andern es wissen und der Barblin nicht überall nachlaufen.

LEHRER ———heiraten?

ANDRI Ich bitte dich Vater, um die Hand deiner Tochter.

Lehrer erhebt sich wie ein Verurteilter.

MUTTER Ich hab das kommen sehen, Can.

LEHRER Schweig!

MUTTER Deswegen brauchst du das Brot nicht fallen zu lassen.

Die Mutter nimmt das Brot vom Boden.

Sie lieben einander.

LEHRER Schweig!

Schweigen

ANDRI Es ist aber so, Vater wir lieben einander. Davon zu reden, ist schwierig. Seit der grünen Kammer, als wir Kinder waren, reden wir vom Heiraten. In der Schule schämten wir uns, weil alle uns auslachten: Das geht ja nicht, sagten sie, weil wir Bruder und Schwester sind! Einmal wollten wir uns vergiften, weil wir Bruder und Schwester sind, mit Tollkirschen, aber es war Winter, es gab keine Tollkirschen. Und wir haben geweint, bis Mutter es gemerkt hat – bis du gekommen bist, Mutter, du hast uns getröstet und gesagt, daß wir gar nicht Bruder und Schwester sind. Und diese ganze Geschichte, wie Vater mich über die Grenze gerettet hat, weil ich Jud bin. Da war ich froh drum und sagte es ihnen in der Schule und überall. Seither schlafen wir nicht mehr in der gleichen Kammer, wir sind ja keine Kinder mehr.

Der Lehrer schweigt wie versteinert.

Es ist Zeit, Vater, daß wir heiraten.

LEHRER Andri, das geht nicht.

MUTTER Wieso nicht?

LEHRER Weil es nicht geht!

MUTTER Schrei nicht.

LEHRER Nein – Nein – Nein...

Barblin bricht in Schluchzen aus.

MUTTER Und du heul nicht gleich!

BARBLIN Dann bring ich mich um.

MUTTER Und red keinen Unfug!

BARBLIN Oder ich geh zu den Soldaten, jawohl.

MUTTER Dann straf dich Gott!

BARBLIN Soll er.

ANDRI Barblin?

Barblin läuft hinaus.

LEHRER Sie ist ein Huhn. Laß sie! Du findest noch
Mädchen genug.

Andri reißt sich von ihm los.

Andri –!

ANDRI Sie ist wahnsinnig.

LEHRER Du bleibst.

Andri bleibt.

Es ist das erste Nein, Andri, das ich dir sagen muß.

Der Lehrer hält sich beide Hände vors Gesicht.

Nein!

MUTTER Ich versteh dich nicht, Can, ich versteh dich
nicht. Bist du eifersüchtig? Barblin ist neunzehn,
und einer wird kommen. Warum nicht Andri, wo
wir ihn kennen? Das ist der Lauf der Welt. Was
starrst du vor dich hin und schüttelst den Kopf, wo's
ein großes Glück ist, und willst deine Tochter nicht

46

geben? Du schweigst. Willst du sie heiraten? Du
schweigst in dich hinein, weil du eifersüchtig bist,
Can, auf die Jungen und auf das Leben überhaupt
und daß es jetzt weitergeht ohne dich.

LEHRER Was weißt denn du!

MUTTER Ich frag ja nur.

LEHRER Barblin ist ein Kind –

MUTTER Das sagen alle Väter. Ein Kind! – für dich,
Can, aber nicht für den Andri.

Lehrer schweigt.

Warum sagst du nein?

Lehrer schweigt.

ANDRI Weil ich Jud bin.

LEHRER Andri –

ANDRI So sagt es doch.

LEHRER Jud! Jud!

ANDRI Das ist es doch.

LEHRER Jud! Jedes dritte Wort, kein Tag vergeht, jedes zweite Wort, kein Tag ohne Jud, keine Nacht
ohne Jud, ich höre Jud, wenn einer schnarcht, Jud,
Jud, kein Witz ohne Jud, kein Geschäft ohne Jud,
kein Fluch ohne Jud, ich höre Jud, wo keiner ist, Jud
und Jud und nochmals Jud, die Kinder spielen Jud,
wenn ich den Rücken drehe, jeder plappert's nach,
die Pferde wiehern's in den Gassen: Juuuud, Juud,
Jud...

MUTTER Du übertreibst.

LEHRER Gibt es denn keine andern Gründe mehr?!

MUTTER Dann sag sie.

Lehrer schweigt, dann nimmt er seinen Hut.

Wohin?

LEHRER Wo ich meine Ruh hab.

Er geht und knallt die Tür zu.

MUTTER Jetzt trinkt er wieder bis Mitternacht.

Andri geht langsam nach der andern Seite.

Andri? – Jetzt sind alle auseinander.

Platz von Andorra, der Lehrer sitzt allein vor der Pinte, der Wirt bringt den bestellten Schnaps, den der Lehrer noch nicht nimmt.

WIRT Was gibt's Neues?

LEHRER Noch ein Schnaps.

Der Wirt geht.

»Weil ich Jud bin!«

Jetzt kippt er den Schnaps.

Einmal werd ich die Wahrheit sagen – das meint man, aber die Lüge ist ein Egel, sie hat die Wahrheit ausgesaugt. Das wächst. Ich werd's nimmer los. Das wächst und hat Blut. Das sieht mich an wie ein Sohn, ein leibhaftiger Jud, mein Sohn... »Was gibt's Neues?« – ich habe gelogen, und ihr habt ihn gestreichelt, solang er klein war, und jetzt ist er ein Mann, jetzt will er heiraten, ja, seine Schwester – Das gibt's Neues!... ich weiß, was ihr denkt, im voraus: Auch einem Judenretter ist das eigne Kind zu schad für den Jud! Ich sehe euer Grinsen schon.

Auftritt der Jemand und setzt sich zum Lehrer.

JEMAND Was gibt's Neues?

Lehrer schweigt.

Jemand nimmt sich seine Zeitung vor.

LEHRER Warum grinsen Sie?

JEMAND Sie drohen wieder.

LEHRER Wer?

JEMAND Die da drüben.

Der Lehrer erhebt sich, der Wirt kommt heraus.

WIRT Wohin?

LEHRER Wo ich meine Ruhe hab.

Der Lehrer geht in die Pinte hinein.

JEMAND Was hat er denn? Wenn der so weitermacht, der nimmt kein gutes Ende, möchte ich meinen... Mir ein Bier.

Der Wirt geht.

Seit der Junge nicht mehr da ist, wenigstens kann man seine Zeitung lesen: ohne Orchestrion, wo er alleweil sein Trinkgeld verklimpert hat...

Sechstes Bild

Vor der Kammer der Barblin. Andri schläft allein auf der Schwelle. Kerzenlicht. Es erscheint ein großer Schatten an der Wand, der Soldat. Andri schnarcht. Der Soldat erschrickt und zögert. Stundenschlag einer Turmuhr, der Soldat sieht, daß Andri sich nicht rührt, und wagt sich bis zur Türe, zögert wieder, öffnet die Türe, Stundenschlag einer anderen Turmuhr, jetzt steigt er über den schlafenden Andri hinweg und dann, da er schon soweit ist, hinein in die finstere Kammer. Barblin will schreien, aber der Mund wird ihr zugehalten. Stille. Andri erwacht.

ANDRI Barblin!?...

Stille

Jetzt ist es wieder still draußen, sie haben mit Saufen und Grölen aufgehört, jetzt sind alle im Bett.

Stille

Schläfst du, Barblin? Wie spät kann es sein? Ich hab geschlafen. Vier Uhr? Die Nacht ist wie Milch, du, wie blaue Milch. Bald fangen die Vögel an. Wie eine Sintflut von Milch...

Geräusch

Warum riegelst du die Tür?

Stille

Soll er doch heraufkommen, dein Alter, soll er mich auf der Schwelle seiner Tochter finden. Meinetwegen! Ich geb's nicht auf, Barblin, ich werd auf deiner Schwelle sitzen jede Nacht, und wenn er sich zu Tod säuft darüber, jede Nacht.

Er nimmt sich eine Zigarette.

Jetzt bin ich wieder so wach…

Er sitzt und raucht.

Ich schleiche nicht länger herum wie ein bettelnder Hund. Ich hasse. Ich weine nicht mehr. Ich lache. Je gemeiner sie sind wider mich, um so wohler fühle ich mich in meinem Haß. Und um so sichrer. Haß macht Pläne. Ich freue mich jetzt von Tag zu Tag, weil ich einen Plan habe, und niemand weiß davon, und wenn ich verschüchtert gehe, so tu ich nur so. Haß macht listig. Haß macht stolz. Eines Tages werde ich's ihnen zeigen. Seit ich sie hasse, manchmal möcht ich pfeifen und singen, aber ich tu's nicht. Haß macht geduldig. Und hart. Ich hasse ihr Land, das wir verlassen werden, und ihre Gesichter alle. Ich liebe einen einzigen Menschen, und das ist genug.

Er horcht.

Die Katze ist auch noch wach!

Er zählt Münzen.

Heut habe ich anderthalb Pfund verdient, Barblin, anderthalb Pfund an einem einzigen Tag. Ich spare jetzt. Ich geh auch nicht mehr an die Klimperkiste –

Er lacht.

Wenn sie sehen könnten, wie sie recht haben: alleweil zähl ich mein Geld!

Er horcht.

Da schlurft noch einer nach Haus.

Vogelzwitschern

Gestern hab ich diesen Peider gesehen, weißt du, der ein Aug hat auf dich, der mir das Bein gestellt hat, jetzt grinst er jedesmal, wenn er mich sieht, aber es macht mir nichts aus –

Er horcht.

Er kommt herauf!

Tritte im Haus.

Jetzt haben wir schon einundvierzig Pfund, Barblin, aber sag's niemand. Wir werden heiraten. Glaub mir, es gibt eine andre Welt, wo niemand uns kennt und wo man mir kein Bein stellt, und wir werden dahin fahren, Barblin, dann kann er hier schreien, soviel er will.

Er raucht

Es ist gut, daß du geriegelt hast.

Auftritt der Lehrer.

LEHRER Mein Sohn!

ANDRI Ich bin nicht dein Sohn.

LEHRER Ich bin gekommen, Andri, um dir die Wahrheit zu sagen, bevor es wieder Morgen ist...

ANDRI Du hast getrunken.

LEHRER Deinetwegen, Andri, deinetwegen.

Andri lacht.

Mein Sohn –

ANDRI Laß das!

LEHRER Hörst du mich an?

ANDRI Halt dich an einem Laternenpfahl, aber nicht an mir, ich rieche dich.

Andri macht sich los.

Und sag nicht immer: Mein Sohn! wenn du blau bist.

Lehrer wankt.

Deine Tochter hat geriegelt, sei beruhigt.

LEHRER Andri –

ANDRI Du kannst nicht mehr stehen.

LEHRER Ich bin bekümmert...

ANDRI Das ist nicht nötig.

LEHRER Sehr bekümmert...

ANDRI Mutter weint und wartet auf dich.

LEHRER Damit habe ich nicht gerechnet...

ANDRI Womit hast du nicht gerechnet?

LEHRER Daß du nicht mein Sohn sein willst.

Andri lacht.

Ich muß mich setzen...

ANDRI Dann gehe ich.

LEHRER Also du willst mich nicht anhören?

Andri nimmt die Kerze.

Dann halt nicht.

ANDRI Ich verdanke dir mein Leben. Ich weiß. Wenn du Wert drauf legst, ich kann es jeden Tag einmal sagen: Ich verdanke dir mein Leben: Sogar zweimal am Tag: Ich verdanke dir mein Leben. Einmal am Morgen, einmal am Abend: Ich verdanke dir mein Leben, ich verdanke dir mein Leben.

LEHRER Ich hab getrunken, Andri, die ganze Nacht, um dir die Wahrheit zu sagen – ich hab zuviel getrunken...

ANDRI Das scheint mir auch.

LEHRER Du verdankst mir dein Leben...

ANDRI Ich verdanke es.

LEHRER Du verstehst mich nicht.

Andri schweigt.

Steh nicht so da! – wenn ich dir mein Leben er-
zähle ...
Hähne krähen.
Also mein Leben interessiert dich nicht?
ANDRI Mich interessiert mein eignes Leben.
Hähne krähen.
Jetzt krähen schon die Hähne.
Lehrer wankt.
Tu nicht, als ob du noch denken könntest.
LEHRER Du verachtest mich ...
ANDRI Ich schau dich an. Das ist alles. Ich habe dich
verehrt. Nicht weil du mein Leben gerettet hast,
sondern weil ich glaubte, du bist nicht wie alle, du
denkst nicht ihre Gedanken, du hast Mut. Ich hab
mich verlassen auf dich. Und dann hat es sich ge-
zeigt, und jetzt schau ich dich an.
LEHRER Was hat sich gezeigt? ...
Andri schweigt.
Ich denke nicht ihre Gedanken, Andri, ich hab ih-
nen die Schulbücher zerrissen, ich wollte andre ha-
ben –
ANDRI Das ist bekannt.
LEHRER Weißt du, was ich getan habe?
ANDRI Ich geh jetzt.
LEHRER Ob du weißt, was ich getan habe ...
ANDRI Du hast ihnen die Schulbücher zerrissen.
LEHRER – ich hab gelogen.
Pause
Du willst mich nicht verstehn ...
Hähne krähen.
ANDRI Um sieben muß ich im Laden sein, Stühle ver-

kaufen, Tische verkaufen, Schränke verkaufen, meine Hände reiben.

LEHRER Warum mußt du deine Hände reiben?

ANDRI »Kann man finden einen bessern Stuhl? Wakkelt das? Ächzt das? Kann man finden einen billigeren Stuhl?«

Der Lehrer starrt ihn an.

Ich muß reich werden.

LEHRER Warum mußt du reich werden?

ANDRI Weil ich Jud bin.

LEHRER Mein Sohn –!

ANDRI Faß mich nicht wieder an!

Lehrer wankt.

Du ekelst mich.

LEHRER Andri –

ANDRI Heul nicht.

LEHRER Andri –

ANDRI Geh pissen.

LEHRER Was sagst du?

ANDRI Heul nicht den Schnaps aus den Augen; wenn du ihn nicht halten kannst, sag ich, geh.

LEHRER Du hassest mich?

Andri schweigt.

Der Lehrer geht.

ANDRI Barblin, er ist gegangen. Ich hab ihn nicht kränken wollen. Aber es wird immer ärger. Hast du ihn gehört? Er weiß nicht mehr, was er redet, und dann sieht er aus wie einer, der weint ... Schläfst du?

Er horcht an der Türe.

Barblin! Barblin?

Er rüttelt an der Türe, dann versucht er die Türe zu

sprengen, er nimmt einen neuen Anlauf, aber in die-
sem Augenblick öffnet sich die Türe von innen: im
Rahmen steht der Soldat, beschienen von der Kerze,
barfuß, Hosen mit offenem Gurt, Oberkörper nackt.
Barblin...

SOLDAT Verschwinde.

ANDRI Das ist nicht wahr...

SOLDAT Verschwinde, du, oder ich mach dich zur Sau.

Vordergrund

Der Soldat, jetzt in Zivil, tritt an die Zeugenschranke.
SOLDAT Ich gebe zu: Ich hab ihn nicht leiden können.
Ich hab ja nicht gewußt, daß er keiner ist, immer
hat's geheißen, er sei einer. Übrigens glaub ich noch
heut, daß er einer gewesen ist. Ich hab ihn nicht leiden können von Anfang an. Aber ich hab ihn nicht
getötet. Ich habe nur meinen Dienst getan. Order
ist Order. Wo kämen wir hin, wenn Befehle nicht
ausgeführt werden! Ich war Soldat.

Sakristei, der Pater und Andri.

PATER Andri, wir wollen sprechen miteinander. Deine Pflegemutter wünscht es. Sie macht sich große Sorge um dich... Nimm Platz!

Andri schweigt.

Nimm Platz, Andri!

Andri schweigt.

Du willst dich nicht setzen?

Andri schweigt.

Ich verstehe, du bist zum ersten Mal hier. Sozusagen. Ich erinnere mich: Einmal als euer Fußball hereingeflogen ist, sie haben dich geschickt, um ihn hinter dem Altar zu holen.

Der Pater lacht.

ANDRI Wovon, Hochwürden, sollen wir sprechen?

PATER Nimm Platz!

Andri schweigt.

Also du willst dich nicht setzen.

Andri schweigt.

Nun gut.

ANDRI Stimmt das, Hochwürden, daß ich anders bin als alle?

Pause

PATER Andri, ich will dir etwas sagen.

ANDRI – ich bin vorlaut, ich weiß.

PATER Ich verstehe deine Not. Aber du sollst wissen, daß wir dich gern haben, Andri, so wie du bist. Hat dein Pflegevater nicht alles getan für dich? Ich höre, er hat Land verkauft, damit du Tischler wirst.

ANDRI Ich werde aber nicht Tischler.

PATER Wieso nicht?

ANDRI Meinesgleichen denkt alleweil nur ans Geld, heißt es, und drum gehöre ich nicht in die Werkstatt, sagt der Tischler, sondern in den Verkauf. Ich werde Verkäufer, Hochwürden.

PATER Nun gut.

ANDRI Ich wollte aber Tischler werden.

PATER Warum setzest du dich nicht?

ANDRI Hochwürden irren sich, glaub ich. Niemand mag mich. Der Wirt sagt, ich bin vorlaut, und der Tischler findet das auch, glaub ich. Und der Doktor sagt, ich bin ehrgeizig, und meinesgleichen hat kein Gemüt.

PATER Setz dich!

ANDRI Stimmt das, Hochwürden, daß ich kein Gemüt habe?

PATER Mag sein, Andri, du hast etwas Gehetztes.

ANDRI Und Peider sagt, ich bin feig.

PATER Wieso feig?

ANDRI Weil ich Jud bin.

PATER Was kümmerst du dich um Peider!

Andri schweigt.

Andri, ich will dir etwas sagen.

ANDRI Man soll nicht immer an sich selbst denken, ich weiß. Aber ich kann nicht anders, Hochwürden, es ist so. Immer muß ich denken, ob's wahr ist, was die andern von mir sagen: daß ich nicht bin wie sie, nicht fröhlich, nicht gemütlich, nicht einfach so.

Und Hochwürden finden ja auch, ich hab etwas Gehetztes. Ich versteh schon, daß niemand mich mag.
Ich mag mich selbst nicht, wenn ich an mich selbst
denke.

Der Pater erhebt sich.

Kann ich jetzt gehn?

PATER Jetzt hör mich einmal an!

ANDRI Was, Hochwürden, will man von mir?

PATER Warum so mißtrauisch?

ANDRI Alle legen ihre Hände auf meine Schulter.

PATER Weißt du, Andri, was du bist?

Der Pater lacht.

Du weißt es nicht, drum sag ich es dir.

Andri starrt ihn an

Ein Prachtskerl! In deiner Art. Ein Prachtskerl! Ich
habe dich beobachtet, Andri, seit Jahr und Tag –

ANDRI Beobachtet?

PATER Freilich.

ANDRI Warum beobachtet ihr mich alle?

PATER Du gefällst mir, Andri, mehr als alle andern, ja,
grad weil du anders bist als alle. Was schüttelst du
den Kopf? Du bist gescheiter als sie. Jawohl! Das
gefällt mir an dir, Andri, und ich bin froh, daß du
gekommen bist und daß ich es dir einmal sagen
kann.

ANDRI Das ist nicht wahr.

PATER Was ist nicht wahr?

ANDRI Ich bin nicht anders. Ich will nicht anders sein.
Und wenn er dreimal so kräftig ist wie ich, dieser
Peider, ich hau ihn zusammen vor allen Leuten auf
dem Platz, das hab ich mir geschworen –

PATER Meinetwegen.

ANDRI Das hab ich mir geschworen –

PATER Ich mag ihn auch nicht.

ANDRI Ich will mich nicht beliebt machen. Ich werde mich wehren. Ich bin nicht feig – und nicht gescheiter als die andern, Hochwürden, ich will nicht, daß Hochwürden das sagen.

PATER Hörst du mich jetzt an?

ANDRI Nein.

Andri entzieht sich.

Ich mag nicht immer eure Hände auf meinen Schultern...

Pause

PATER Du machst es einem wirklich nicht leicht.

Pause

Kurz und gut, deine Pflegemutter war hier. Mehr als vier Stunden. Die gute Frau ist ganz unglücklich. Du kommst nicht mehr zu Tisch, sagt sie, und bist verstockt. Sie sagt, du glaubst nicht, daß man dein Bestes will.

ANDRI Alle wollen mein Bestes!

PATER Warum lachst du?

ANDRI Wenn er mein Bestes will, warum, Hochwürden, warum will er mir alles geben, aber nicht seine eigene Tochter?

PATER Es ist sein väterliches Recht –

ANDRI Warum aber? Warum? Weil ich Jud bin.

PATER Schrei nicht!

Andri schweigt.

Kannst du nichts andres mehr denken in deinem Kopf? Ich habe dir gesagt, Andri, als Christ, daß ich

dich liebe – aber eine Unart, das muß ich leider
schon sagen, habt ihr alle: Was immer euch wider-
fährt in diesem Leben, alles und jedes bezieht ihr
nur darauf, daß ihr Jud seid. Ihr macht es einem
wirklich nicht leicht mit eurer Überempfindlichkeit.
Andri schweigt und wendet sich ab.
Du weinst ja.
Andri schluchzt, Zusammenbruch.
Was ist geschehen? Antworte mir. Was ist denn los?
Ich frage dich, was geschehen ist. Andri! So rede
doch. Andri? Du schlotterst ja. Was ist mit Barblin?
Du hast ja den Verstand verloren. Wie soll ich helfen, wenn du nicht redest? So nimm dich doch zu-
sammen. Andri! Hörst du? Andri! Du bist doch ein
Mann. Du! Also ich weiß nicht.

ANDRI – meine Barblin.
*Andri läßt die Hände von seinem Gesicht fallen und
starrt vor sich hin.*
Sie kann mich nicht lieben, niemand kann's, ich
selbst kann mich nicht lieben...
Eintritt ein Kirchendiener mit einem Meßgewand.
Kann ich jetzt gehn?
Der Kirchendiener knöpft den Pater auf.
PATER Du kannst trotzdem bleiben.
Der Kirchendiener kleidet den Pater zur Messe.
Du sagst es selbst. Wie sollen die andern uns lieben
können, wenn wir uns selbst nicht lieben? Unser
Herr sagt: Liebe deinen Nächsten wie dich selbst.
Er sagt: Wie dich selbst. Wir müssen uns selbst an-
nehmen, und das ist es, Andri, was du nicht tust.
Warum willst du sein wie die andern? Du bist ge-

scheiter als sie, glaub mir, du bist wacher. Wieso willst du's nicht wahrhaben? 's ist ein Funke in dir. Warum spielst du Fußball wie diese Blödiane alle und brüllst auf der Wiese herum, bloß um ein Andorraner zu sein? Sie mögen dich alle nicht, ich weiß. Ich weiß auch warum. 's ist ein Funke in dir. Du denkst. Warum soll's nicht auch Geschöpfe geben, die mehr Verstand haben als Gefühl? Ich sage: Gerade dafür bewundere ich euch. Was siehst du mich so an? 's ist ein Funke in euch. Denkt an Einstein! Und wie sie alle heißen. Spinoza!

ANDRI Kann ich jetzt gehn?

PATER Kein Mensch, Andri, kann aus seiner Haut heraus, kein Jud und kein Christ. Niemand. Gott will, daß wir sind, wie er uns geschaffen hat. Verstehst du mich? Und wenn sie sagen, der Jud ist feig, dann wisse: Du bist nicht feig, Andri, wenn du es annimmst, ein Jud zu sein. Im Gegenteil. Du bist nun einmal anders als wir. Hörst du mich? Ich sage: Du bist nicht feig. Bloß wenn du sein willst wie die Andorraner alle, dann bist du feig...

Eine Orgel setzt ein.

ANDRI Kann ich jetzt gehn?

PATER Denk darüber nach, Andri, was du selbst gesagt hast: Wie sollen die andern dich annehmen, wenn du dich selbst nicht annimmst?

ANDRI Kann ich jetzt gehn...

PATER Andri, hast du mich verstanden?

Vordergrund

Der Pater kniet.

PATER Du sollst dir kein Bildnis machen von Gott, deinem Herrn, und nicht von den Menschen, die seine Geschöpfe sind. Auch ich bin schuldig geworden damals. Ich wollte ihm mit Liebe begegnen, als ich gesprochen habe mit ihm. Auch ich habe mir ein Bildnis gemacht von ihm, auch ich habe ihn gefesselt, auch ich habe ihn an den Pfahl gebracht.

Platz von Andorra. Der Doktor sitzt als einziger, die andern stehen: der Wirt, der Tischler, der Soldat, der Geselle, der Jemand, der eine Zeitung liest.

DOKTOR Ich sage: Beruhigt euch!

SOLDAT Wieso kann Andorra nicht überfallen werden?

Der Doktor zündet sich einen Zigarillo an.

Ich sage: Pfui Teufel!

WIRT Soll ich vielleicht sagen, es gibt in Andorra kein anständiges Zimmer? Ich bin Gastwirt. Man kann eine Fremdlingin nicht von der Schwelle weisen –

Jemand lacht, die Zeitung lesend.

Was bleibt mir andres übrig? Da steht eine Senora und fragt, ob es ein anständiges Zimmer gibt –

SOLDAT Eine Senora, ihr hört's!

TISCHLER Eine von drüben?

SOLDAT Unsereiner kämpft, wenn's losgeht, bis zum letzten Mann, und der bewirtet sie!

Er spuckt aufs Pflaster.

Ich sage: Pfui Teufel.

DOKTOR Nur keine Aufregung.

Er raucht.

Ich bin weit in der Welt herumgekommen, das könnt ihr mir glauben. Ich bin Andorraner, das ist bekannt, mit Leib und Seele. Sonst wäre ich nicht in die Heimat zurückgekehrt, ihr guten Leute, sonst hätte euer Professor nicht verzichtet auf alle Lehrstühle der Welt –

Jemand lacht, die Zeitung lesend.

WIRT Was gibt's da zu lachen?

JEMAND Wer kämpft bis zum letzten Mann?

SOLDAT Ich.

JEMAND In der Bibel heißt's, die Letzten werden die Ersten sein, oder umgekehrt, ich weiß nicht, die Ersten werden die Letzten sein.

SOLDAT Was will er damit sagen?

JEMAND Ich frag ja bloß.

SOLDAT Bis zum letzten Mann, das ist Order. Lieber tot als untertan, das steht in jeder Kaserne. Das ist Order. Sollen sie kommen, sie werden ihr blaues Wunder erleben...

Kleines Schweigen

TISCHLER Wieso kann Andorra nicht überfallen werden?

DOKTOR Die Lage ist gespannt, ich weiß.

TISCHLER Gespannt wie noch nie.

DOKTOR Das ist sie schon seit Jahren.

TISCHLER Wozu haben sie Truppen an der Grenze?

DOKTOR Was ich habe sagen wollen: Ich bin weit in der Welt herumgekommen. Eins könnt ihr mir glauben: In der ganzen Welt gibt es kein Volk, das in der ganzen Welt so beliebt ist wie wir. Das ist eine Tatsache.

TISCHLER Schon.

DOKTOR Fassen wir einmal die Tatsache ins Auge, fragen wir uns: Was kann einem Land wie Andorra widerfahren? Einmal ganz sachlich.

WIRT Das stimmt, das stimmt.

SOLDAT Was stimmt?

WIRT Kein Volk ist so beliebt wie wir.

TISCHLER Schon.

DOKTOR Beliebt ist kein Ausdruck. Ich habe Leute getroffen, die keine Ahnung haben, wo Andorra liegt,
aber jedes Kind in der Welt weiß, daß Andorra ein
Hort ist, ein Hort des Friedens und der Freiheit und
der Menschenrechte.

WIRT Sehr richtig.

DOKTOR Andorra ist ein Begriff, geradezu ein Inbe-
griff, wenn ihr begreift, was das heißt.
Er raucht.
Ich sage: sie werden's nicht wagen.

SOLDAT Wieso nicht, wieso nicht?

WIRT Weil wir ein Inbegriff sind.

SOLDAT Aber die haben die Übermacht!

WIRT Weil wir so beliebt sind.
*Der Idiot bringt einen Damenkoffer und stellt ihn
hin.*

SOLDAT Da: – bitte!
Der Idiot geht wieder.

TISCHLER Was will die hier?

GESELLE Eine Spitzelin!

SOLDAT Was sonst?

GESELLE Eine Spitzelin!

SOLDAT Und der bewirtet sie!
Jemand lacht.
Grinsen Sie nicht immer so blöd.

JEMAND Spitzelin ist gut.

SOLDAT Was sonst soll die sein?

JEMAND Es heißt nicht Spitzelin, sondern Spitzel, auch
wenn die Lage gespannt ist und wenn es sich um

eine weibliche Person handelt.

TISCHLER Ich frag mich wirklich, was die hier sucht.

Der Idiot bringt einen zweiten Damenkoffer.

SOLDAT Bitte! Bitte!

GESELLE Stampft ihr doch das Zeug zusammen!

WIRT Das fehlte noch.

Der Idiot geht wieder.

Statt daß er das Gepäck hinaufbringt, dieser Idiot, läuft er wieder davon, und ich hab das Aufsehen von allen Leuten –

Jemand lacht.

Ich bin kein Verräter. Nicht wahr, Professor, nicht wahr? Das ist nicht wahr. Ich bin Wirt. Ich wäre der erste, der einen Stein wirft. Jawohl! Noch gibt's ein Gastrecht in Andorra, ein altes und heiliges Gastrecht. Nicht wahr, Professor, nicht wahr? Ein Wirt kann nicht Nein sagen, und wenn die Lage noch so gespannt ist, und schon gar nicht, wenn es eine Dame ist.

Jemand lacht.

GESELLE Und wenn Sie Klotz hat!

Jemand lacht.

WIRT Die Lage ist nicht zum Lachen, Herr.

JEMAND Spitzelin.

WIRT Laßt ihr Gepäck in Ruh!

JEMAND Spitzelin ist sehr gut.

Der Idiot bringt einen Damenmantel und legt ihn hin.

SOLDAT Da: – bitte.

Der Idiot geht wieder.

TISCHLER Wieso meinen Sie, Andorra kann nicht

überfallen werden?

DOKTOR Man hört mir ja nicht zu.

Er raucht.

Ich dachte, man hört mir zu.

Er raucht.

Sie werden es nicht wagen, sage ich. Und wenn sie noch soviel Panzer haben und Fallschirme obendrein, das können die sich gar nicht leisten. Oder wie Perin, unser großer Dichter, einmal gesagt hat: Unsere Waffe ist unsere Unschuld. Oder umgekehrt: Unsere Unschuld ist unsere Waffe. Wo in der Welt gibt es noch eine Republik, die das sagen kann? Ich frage: Wo? Ein Volk wie wir, das sich aufs Weltgewissen berufen kann wie kein anderes, ein Volk ohne Schuld –

Andri erscheint im Hintergrund.

SOLDAT Wie der wieder herumschleicht!

Andri verzieht sich, da alle ihn anblicken.

DOKTOR Andorraner, ich will euch etwas sagen. Noch kein Volk der Welt ist überfallen worden, ohne daß man ihm ein Vergehen hat vorwerfen können. Was sollen sie uns vorwerfen? Das Einzige, was Andorra widerfahren könnte, wäre ein Unrecht, ein krasses und offenes Unrecht. Und das werden sie nicht wagen. Morgen sowenig wie gestern. Weil die ganze Welt uns verteidigen würde. Schlagartig. Weil das ganze Weltgewissen auf unsrer Seite ist.

JEMAND *nach wie vor die Zeitung lesend:* Schlagartig.

WIRT Jetzt halten Sie endlich das Maul!

Jemand lacht, steckt die Zeitung ein.

DOKTOR Wer sind Sie eigentlich?

JEMAND Ein fröhlicher Charakter.

DOKTOR Ihr Humor ist hier nicht am Platz.

Geselle tritt gegen die Koffer.

WIRT Halt!

DOKTOR Was soll das?

WIRT Um Gotteswillen!

Jemand lacht.

DOKTOR Unsinn. Darauf warten sie ja bloß. Belästigung von Reisenden in Andorra! Damit sie einen Vorwand haben gegen uns. So ein Unsinn! Wo ich euch sage: Beruhigt euch! Wir liefern ihnen keinen Vorwand – Spitzel hin oder her.

Wirt stellt die Koffer wieder zurecht.

SOLDAT Ich sage: Pfui Teufel!

Wirt wischt die Koffer wieder sauber.

DOKTOR Ein Glück, daß es niemand gesehen hat...

Auftritt die Senora. Stille. Die Senora setzt sich an ein freies Tischlein. Die Andorraner mustern sie, während sie langsam ihre Handschuhe abstreift.

Ich zahle.

TISCHLER Ich auch.

Der Doktor erhebt sich und entfernt sich, indem er vor der Senora den Hut lüftet; der Tischler gibt dem Gesellen einen Wink, daß er ihm ebenfalls folge.

SENORA Ist hier etwas vorgefallen?

Jemand lacht.

Kann ich etwas trinken?

WIRT Mit Vergnügen, Senora –

SENORA Was trinkt man hierzulande?

WIRT Senora, wir haben alles.

SENORA Am liebsten ein Glas frisches Wasser.

WIRT Mit Vergnügen, Senora –

Jemand lacht.

Der Herr hat einen fröhlichen Charakter.

Jemand geht.

SENORA Das Zimmer, Herr Wirt, ist ordentlich, sehr ordentlich.

Wirt verneigt sich und geht.

SOLDAT Und mir einen Korn!

Der Soldat bleibt und setzt sich, um die Senora zu begaffen. Im Vordergrund rechts, am Orchestrion, erscheint Andri und wirft eine Münze ein.

WIRT Immer diese Klimperkiste!

ANDRI Ich zahle.

WIRT Hast du nichts andres im Kopf?

ANDRI Nein.

Während die immergleiche Platte spielt: Die Senora schreibt einen Zettel, der Soldat gafft, sie faltet den Zettel und spricht zum Soldaten, ohne ihn anzublikken.

SENORA Gibt es in Andorra keine Frauen?

Der Idiot kommt zurück.

Du kennst einen Lehrer namens Can?

Der Idiot grinst und nickt.

Bringe ihm diesen Zettel.

Auftreten drei andere Soldaten und der Geselle.

SOLDAT Habt ihr das gehört? Ob's in Andorra keine Weiber gibt, fragt sie.

GESELLE Was hast du gesagt?

SOLDAT – nein, aber Männer!

GESELLE Hast du gesagt?

SOLDAT – ob sie vielleicht nach Andorra kommt,

weil's drüben keine Männer gibt.

GESELLE Hast du gesagt?

SOLDAT Hab ich gesagt.

Sie grinsen.

Da ist er schon wieder. Gelb wie ein Käs! Der will
mich verhauen...

Auftritt Andri, die Musik ist aus.

SOLDAT Wie geht's deiner Braut?

Andri packt den Soldaten am Kragen.

Was soll das?

Der Soldat macht sich los.

Ein alter Rabbi hat ihm das Märchen erzählt von
David und Goliath, jetzt möcht er uns den David
spielen.

Sie grinsen.

Gehn wir.

ANDRI Fedri –

GESELLE Wie er stottert!

ANDRI Warum hast du mich verraten?

SOLDAT Gehn wir.

Andri schlägt dem Soldaten die Mütze vom Kopf.

Paß auf, du!

*Der Soldat nimmt die Mütze vom Pflaster und klopft
den Staub ab.*

Wenn du meinst, ich will deinetwegen in Arrest –

GESELLE Was will er denn bloß?

ANDRI Jetzt mach mich zur Sau.

SOLDAT Gehn wir.

*Der Soldat setzt sich die Mütze auf, Andri schlägt sie
ihm nochmals vom Kopf, die andern lachen, der
Soldat schlägt ihm plötzlich einen Haken, so daß*

Andri stürzt.

Wo hast du die Schleuder, David?

Andri erhebt sich.

Unser David, unser David geht los!

Andri schlägt auch dem Soldaten plötzlich den Haken, der Soldat stürzt.

Jud, verdammter –!

SENORA Nein! Nein! Alle gegen einen. Nein!

Die andern Soldaten haben Andri gepackt, so daß der Soldat loskommt. Der Soldat schlägt auf Andri, während die andern ihn festhalten. Andri wehrt sich stumm, plötzlich kommt er los. Der Geselle gibt ihm einen Fußtritt von hinten. Als Andri sich umdreht, packt ihn der Soldat seinerseits von hinten. Andri fällt. Die vier Soldaten und der Geselle versetzen ihm Fußtritte von allen Seiten, bis sie die Senora wahrnehmen, die herbeigekommen ist.

SOLDAT – das hat noch gefehlt, uns lächerlich machen vor einer Fremden...

Der Soldat und die andern verschwinden.

SENORA Wer bist du?

ANDRI Ich bin nicht feig.

SENORA Wie heißest du?

ANDRI Immer sagen sie, ich bin feig.

SENORA Nicht, nicht mit der Hand in die Wunde!

Auftritt der Wirt mit Karaffe und Glas auf Tablett.

WIRT Was ist geschehn?

SENORA Holen Sie einen Arzt.

WIRT Und das vor meinem Hotel –!

SENORA Geben Sie her.

Die Senora nimmt die Karaffe und ihr Taschentuch,

74

kniet neben Andri, der sich aufzurichten versucht.
Sie haben ihn mit Stiefeln getreten.

WIRT Unmöglich Senora!

SENORA Stehen Sie nicht da, ich bitte Sie, holen Sie einen Arzt.

WIRT Senora, das ist nicht üblich hierzuland...

SENORA Ich wasche dich nur.

WIRT Du bist selbst schuld. Was kommst du immer, wenn die Soldaten da sind...

SENORA Sieh mich an!

WIRT Ich habe dich gewarnt.

SENORA Zum Glück ist das Auge nicht verletzt.

WIRT Er ist selbst schuld, immer geht er an die Klimperkiste, ich hab ihn ja gewarnt, er macht die Leute rein nervös...

SENORA Wollen Sie keinen Arzt holen?
Der Wirt geht.

ANDRI Jetzt sind alle gegen mich.

SENORA Schmerzen?

ANDRI Ich will keinen Arzt.

SENORA Das geht bis auf den Knochen.

ANDRI Ich kenne den Arzt.
Andri erhebt sich.
Ich kann schon gehn, das ist nur an der Stirn.
Senora erhebt sich.
Ihr Kleid, Senora! – Ich habe Sie blutig gemacht.

SENORA Führe mich zu deinem Vater.
Die Senora nimmt Andri am Arm, sie gehen langsam, während der Wirt und der Doktor kommen.

DOKTOR Arm in Arm?

WIRT Sie haben ihn mit Stiefeln getreten, ich hab's mit

eigenen Augen gesehen, ich war drin.

Doktor steckt sich einen Zigarillo an.

Immer geht er an die Klimperkiste, ich hab's ihm noch gesagt, er macht die Leute rein nervös.

DOKTOR Blut?

WIRT Ich hab es kommen sehn.

Doktor raucht.

Sie sagen kein Wort.

DOKTOR Eine peinliche Sache.

WIRT Er hat angefangen.

DOKTOR Ich hab nichts wider dieses Volk, aber ich fühle mich nicht wohl, wenn ich einen von ihnen sehe. Wie man sich verhält, ist's falsch. Was habe ich denn gesagt? Sie können's nicht lassen, immer verlangen sie, daß unsereiner sich an ihnen bewährt. Als hätten wir nichts andres zu tun! Niemand hat gern ein schlechtes Gewissen, aber darauf legen sie's an. Sie wollen, daß man ihnen ein Unrecht tut. Sie warten nur darauf...

Er wendet sich zum Gehen.

Waschen Sie das bißchen Blut weg. Und schwatzen Sie nicht immer soviel in der Welt herum! Sie brauchen nicht jedermann zu sagen, was Sie mit eignen Augen gesehen haben.

Vordergrund

*Der Lehrer und die Senora vor dem weißen Haus wie
zu Anfang.*

SENORA Du hast gesagt, unser Sohn sei Jude.

Lehrer schweigt.

Warum hast du diese Lüge in die Welt gesetzt?

Lehrer schweigt.

Eines Tages kam ein andorranischer Krämer vorbei, der überhaupt viel redete. Um Andorra zu lo
ben, erzählte er überall die rührende Geschichte
von einem andorranischen Lehrer, der damals, zur
Zeit der großen Morde, ein Judenkind gerettet
habe, das er hege und pflege wie einen eignen Sohn.
Ich schickte sofort einen Brief: Bist du dieser Lehrer? Ich forderte Antwort. Ich fragte: Weißt du, was
du getan hast? Ich wartete auf Antwort. Sie kam
nicht. Vielleicht hast du meinen Brief nie bekommen. Ich konnte nicht glauben, was ich befürchtete.
Ich schrieb ein zweites Mal, ein drittes Mal. Ich
wartete auf Antwort. So verging die Zeit... Warum
hast du diese Lüge in die Welt gesetzt?

LEHRER Warum, warum, warum!

SENORA Du hast mich gehaßt, weil ich feige war, als
das Kind kam. Weil ich Angst hatte vor meinen
Leuten. Als du an die Grenze kamst, sagtest du, es
sei ein Judenkind, das du gerettet hast vor uns.

Warum? Weil auch du feige warst, als du wieder nach Hause kamst. Weil auch du Angst hattest vor deinen Leuten.

Pause

War es nicht so?

Pause

Vielleicht wolltest du zeigen, daß ihr so ganz anders seid als wir. Weil du mich gehaßt hast. Aber sie sind hier nicht anders, du siehst es, nicht viel.

Lehrer schweigt.

Er sagte, er wolle nach Haus, und hat mich hierher gebracht; als er dein Haus sah, drehte er um und ging weg, ich weiß nicht wohin.

LEHRER Ich werde es sagen, daß er mein Sohn ist, unser Sohn, ihr eignes Fleisch und Blut –

SENORA Warum gehst du nicht?

LEHRER Und wenn sie die Wahrheit nicht wollen?

Pause

Stube beim Lehrer, die Senora sitzt, Andri steht.

SENORA Da man also nicht wünscht, daß ich es dir sage, Andri, weswegen ich gekommen bin, ziehe ich jetzt meine Handschuhe an und gehe.

ANDRI Senora, ich verstehe kein Wort.

SENORA Bald wirst du alles verstehen. –
Sie zieht einen Handschuh an.
Weißt du, daß du schön bist?
Lärm in der Gasse.
Sie haben dich beschimpft und mißhandelt, Andri, aber das wird ein Ende nehmen. Die Wahrheit wird sie richten, und du, Andri, bist der einzige hier, der die Wahrheit nicht zu fürchten braucht.

ANDRI Welche Wahrheit?

SENORA Ich bin froh, daß ich dich gesehen habe.

ANDRI Sie verlassen uns, Senora?

SENORA Man bittet darum.

ANDRI Wenn Sie sagen, kein Land sei schlechter und kein Land sei besser als Andorra, warum bleiben Sie nicht hier?

SENORA Möchtest du das?
Lärm in der Gasse.
Ich muß. Ich bin eine von drüben, du hörst es, wie ich sie verdrieße. Eine Schwarze! So nennen sie uns hier, ich weiß...
Sie zieht den andern Handschuh an.
Vieles möchte ich dir noch sagen, Andri, und vieles

fragen, lang mit dir sprechen. Aber wir werden uns wiedersehen, so hoffe ich...

Sie ist fertig.

Wir werden uns wiedersehen.

Sie sieht sich nochmals um.

Hier also bist du aufgewachsen.

ANDRI Ja.

SENORA Ich sollte jetzt gehen.

Sie bleibt sitzen.

Als ich in deinem Alter war – das geht sehr schnell, Andri, du bist jetzt zwanzig und kannst es nicht glauben: man trifft sich, man liebt, man trennt sich, das Leben ist vorne, und wenn man in den Spiegel schaut, plötzlich ist es hinten, man kommt sich nicht viel anders vor, aber plötzlich sind es andere, die jetzt zwanzig sind... Als ich in deinem Alter war: mein Vater, ein Offizier, war gefallen im Krieg, ich weiß, wie er dachte, und ich wollte nicht denken wie er. Wir wollten eine andere Welt. Wir waren jung wie du, und was man uns lehrte, war mörderisch, das wußten wir. Und wir verachteten die Welt, wie sie ist, wir durchschauten sie und wollten eine andere wagen. Und wir wagten sie auch. Wir wollten keine Angst haben vor den Leuten. Um nichts in der Welt. Wir wollten nicht lügen. Als wir sahen, daß wir die Angst nur verschwiegen, haßten wir einander. Unsere andere Welt dauerte nicht lang. Wir kehrten über die Grenze zurück, wo wir herkamen, als wir jung waren wie du...

Sie erhebt sich.

Verstehst du, was ich sage?

ANDRI Nein.

Senora tritt zu Andri und küßt ihn.

Warum küssen Sie mich?

SENORA Ich muß gehen. Werden wir uns wiedersehen?

ANDRI Ich möchte es.

SENORA Ich wollte immer, ich hätte Vater und Mutter
nie gekannt. Kein Mensch, wenn er die Welt sieht,
die sie ihm hinterlassen, versteht seine Eltern.

Der Lehrer und die Mutter treten ein.

Ich gehe, ja, ich bin im Begriff zu gehen.

Schweigen

So sage ich denn Lebwohl.

Schweigen

Ich gehe, ja, jetzt gehe ich...

Die Senora geht hinaus.

LEHRER Begleite sie! Aber nicht über den Platz, geh
hinten herum.

ANDRI Warum hinten herum?

LEHRER Geh!

Andri geht hinaus.

Der Pater wird es ihm sagen. Frag mich jetzt nicht!
Du verstehst mich nicht, drum hab ich es dir nie gesagt.

Er setzt sich.

Jetzt weißt du's.

MUTTER Was wird Andri dazu sagen?

LEHRER Mir glaubt er's nicht.

Lärm in der Gasse

Hoffentlich läßt der Pöbel sie in Ruh.

MUTTER Ich versteh mehr, als du meinst, Can. Du hast

sie geliebt, aber mich hast du geheiratet, weil ich eine Andorranerin bin. Du hast uns alle verraten, aber den Andri vor allem. Fluch nicht auf die Andorraner, du selbst bist einer.

Eintritt der Pater.

Hochwürden haben eine schwere Aufgabe in diesem Haus. Hochwürden haben unsrem Andri erklärt, was das ist, ein Jud, und daß er's annehmen soll. Nun hat er's angenommen. Nun müssen Hochwürden ihm sagen, was ein Andorraner ist, und daß er's annehmen soll.

LEHRER Jetzt laß uns allein!

MUTTER Gott steh Ihnen bei, Pater Benedikt.

Die Mutter geht hinaus.

PATER Ich habe es versucht, aber vergeblich, man kann nicht reden mit ihnen, jedes vernünftige Wort bringt sie auf. Sie sollen endlich nach Hause gehen, ich hab's ihnen gesagt, und sich um ihre eignen Angelegenheiten kümmern. Dabei weiß keiner, was sie eigentlich wollen.

Andri kommt zurück.

LEHRER Wieso schon zurück?

ANDRI Sie will allein gehen, sagt sie.

Er zeigt seine Hand.

Sie hat mir das geschenkt.

LEHRER – ihren Ring?

ANDRI Ja.

Der Lehrer schweigt, dann erhebt er sich.

Wer ist diese Senora?

LEHRER Dann begleit ich sie.

Der Lehrer geht.

PATER Was lachst du denn?

ANDRI Er ist eifersüchtig!

PATER Nimm Platz.

ANDRI Was ist eigentlich los mit euch allen?

PATER Es ist nicht zum Lachen, Andri.

ANDRI Aber lächerlich.

Andri betrachtet den Ring.

Ist das ein Topas oder was kann das sein?

PATER Andri, wir sollen sprechen miteinander.

ANDRI Schon wieder?

Andri lacht.

Alle benehmen sich heut wie Marionetten, wenn die Fäden durcheinander sind, auch Sie, Hochwürden.

Andri nimmt sich eine Zigarette.

War sie einmal seine Geliebte? Man hat so das Gefühl. Sie nicht?

Andri raucht.

Sie ist eine fantastische Frau.

PATER Ich habe dir etwas zu sagen.

ANDRI Kann man nicht stehen dazu?

Andri setzt sich.

Um zwei muß ich im Laden sein. Ist sie nicht eine fantastische Frau?

PATER Es freut mich, daß sie dir gefällt.

ANDRI Alle tun so steif.

Andri raucht.

Sie wollen mir sagen, man soll halt nicht zu einem Soldat gehn und ihm die Mütze vom Kopf hauen, wenn man weiß, daß man Jud ist, man soll das überhaupt nicht tun, und doch bin ich froh, daß ich's getan habe, ich hab etwas gelernt dabei, auch wenn's

83

mir nichts nützt, überhaupt vergeht jetzt, seit un-
serm Gespräch, kein Tag, ohne daß ich etwas lerne,
was mir nichts nützt, Hochwürden, so wenig wie
Ihre guten Worte, ich glaub's daß Sie es wohl meinen, Sie sind Christ von Beruf, aber ich bin Jud von
Geburt, und drum werd ich jetzt auswandern.

PATER Andri –

ANDRI Sofern's mir gelingt.

Andri löscht die Zigarette.

Das wollte ich niemand sagen.

PATER Bleib sitzen!

ANDRI Dieser Ring wird mir helfen.

Daß Sie jetzt schweigen, Hochwürden, daß Sie es
niemand sagen, ist das Einzige, was Sie für mich tun
können.

Andri erhebt sich.

Ich muß gehn.

Andri lacht.

Ich hab so etwas Gehetztes, ich weiß, Hochwürden
haben ganz recht...

PATER Sprichst du oder spreche ich?

ANDRI Verzeihung.

Andri setzt sich.

Ich höre.

PATER Andri –

ANDRI Sie sind so feierlich!

PATER Ich bin gekommen, um dich zu erlösen.

ANDRI Ich höre.

PATER Auch ich, Andri, habe nichts davon gewußt, als
wir das letzte Mal miteinander redeten. Er habe ein
Judenkind gerettet, so hieß es seit Jahr und Tag,

eine christliche Tat, wieso sollte ich nicht dran glauben! Aber nun, Andri, ist deine Mutter gekommen –

ANDRI Wer ist gekommen?

PATER Die Senora.

Andri springt auf.

Andri – du bist kein Jud.

Schweigen

Du glaubst nicht, was ich dir sage?

ANDRI Nein.

PATER Also glaubst du, ich lüge?

ANDRI Hochwürden, das fühlt man.

PATER Was fühlt man?

ANDRI Ob man Jud ist oder nicht.

Der Pater erhebt sich und nähert sich Andri.

Rühren Sie mich nicht an. Eure Hände! Ich will das nicht mehr.

PATER Hörst du nicht, was ich dir sage?

Andri schweigt.

Du bist sein Sohn.

Andri lacht.

Andri, das ist die Wahrheit.

ANDRI Wie viele Wahrheiten habt ihr?

Andri nimmt sich eine Zigarette, die er dann vergißt.

Das könnt ihr nicht machen mit mir...

PATER Warum glaubst du uns nicht?

ANDRI Euch habe ich ausgeglaubt.

PATER Ich sage und schwöre beim Heil meiner Seele, Andri: Du bist sein Sohn, unser Sohn, und von Jud kann nicht die Rede sein.

ANDRI 's war aber viel die Red davon...

Großer Lärm in der Gasse.

PATER Was ist denn los?

Stille

ANDRI Seit ich höre, hat man mir gesagt, ich sei anders, und ich habe geachtet drauf, ob es so ist, wie sie sagen. Und es ist so, Hochwürden: Ich bin anders. Man hat mir gesagt, wie meinesgleichen sich bewege, nämlich so und so, und ich bin vor den Spiegel getreten fast jeden Abend. Sie haben recht: Ich bewege mich so und so. Ich kann nicht anders. Und ich habe geachtet auch darauf, ob's wahr ist, daß ich alleweil denke ans Geld, wenn die Andorraner mich beobachten und denken, jetzt denke ich ans Geld, und sie haben abermals recht: Ich denke alleweil ans Geld. Es ist so. Und ich habe kein Gemüt, ich hab's versucht, aber vergeblich: Ich habe kein Gemüt, sondern Angst. Und man hat mir gesagt, meinesgleichen ist feig. Auch darauf habe ich geachtet. Viele sind feig, aber ich weiß es, wenn ich feig bin. Ich wollte es nicht wahrhaben, was sie mir sagten, aber es ist so. Sie haben mich mit Stiefeln getreten, und es ist so, wie sie sagen: Ich fühle nicht wie sie. Und ich habe keine Heimat. Hochwürden haben gesagt, man muß das annehmen, und ich hab's angenommen. Jetzt ist es an Euch, Hochwürden, Euren Jud anzunehmen.

PATER Andri –

ANDRI Jetzt, Hochwürden, spreche ich.

PATER – du möchtest ein Jud sein?

ANDRI Ich bin's. Lang habe ich nicht gewußt, was das ist. Jetzt weiß ich's.

Pater setzt sich hilflos.

Ich möchte nicht Vater noch Mutter haben, damit ihr Tod nicht über mich komme mit Schmerz und Verzweiflung und mein Tod nicht über sie. Und keine Schwester und keine Braut: Bald wird alles zerrissen, da hilft kein Schwur und nicht unsre Treue. Ich möchte, daß es bald geschehe. Ich bin alt. Meine Zuversicht ist ausgefallen, eine um die andere, wie Zähne. Ich habe gejauchzt, die Sonne schien grün in den Bäumen, ich habe meinen Namen in die Lüfte geworfen wie eine Mütze, die niemand gehört wenn nicht mir, und herunter fällt ein Stein, der mich tötet. Ich bin im Unrecht gewesen, anders als sie dachten, allezeit. Ich wollte recht haben und frohlocken. Die meine Feinde waren, hatten recht, auch wenn sie kein Recht dazu hatten, denn am Ende seiner Einsicht kann man sich selbst nicht recht geben. Ich brauche jetzt schon keine Feinde mehr, die Wahrheit reicht aus. Ich erschrecke, so oft ich noch hoffe. Das Hoffen ist mir nie bekommen. Ich erschrecke, wenn ich lache, und ich kann nicht weinen. Meine Trauer erhebt mich über euch alle, und so werde ich stürzen. Meine Augen sind groß von Schwermut, mein Blut weiß alles, und ich möchte tot sein. Aber mir graut vor dem Sterben. Es gibt keine Gnade –

PATER Jetzt versündigst du dich.

ANDRI Sehen Sie den alten Lehrer, wie der herunterkommt und war doch einmal ein junger Mann, sagt er, und ein großer Wille. Sehen Sie Barblin. Und alle, alle, nicht nur mich. Sehen Sie die Soldaten.

87

Lauter Verdammte. Sehen Sie sich selbst. Sie wissen heut schon, was Sie tun werden, Hochwürden, wenn man mich holt vor Ihren guten Augen, und drum starren die mich so an, Ihre guten guten Augen. Sie werden beten. Für mich und für sich. Ihr Gebet hilft nicht einmal Ihnen, Sie werden trotzdem ein Verräter. Gnade ist ein ewiges Gerücht, die Sonne scheint grün in den Bäumen, auch wenn sie mich holen.

Eintritt der Lehrer, zerfetzt.

PATER Was ist geschehen?!

Lehrer bricht zusammen.

So reden Sie doch!

LEHRER Sie ist tot.

ANDRI Die Senora –?

PATER Wie ist das geschehen?

LEHRER – ein Stein.

PATER Wer hat ihn geworfen!

LEHRER – Andri, sagen sie, der Wirt habe es mit eignen Augen gesehen.

Andri will davonlaufen, der Lehrer hält ihn fest.

Er war hier, Sie sind sein Zeuge.

Vordergrund

Der Jemand tritt an die Zeugenschranke.

JEMAND Ich gebe zu: Es ist keineswegs erwiesen, wer
den Stein geworfen hat gegen die Fremde damals.
Ich persönlich war zu jener Stunde nicht auf dem
Platz. Ich möchte niemand beschuldigen, ich bin
nicht der Weltenrichter. Was den jungen Bursch
betrifft: natürlich erinnere ich mich an ihn. Er ging
oft ans Orchestrion, um sein Trinkgeld zu verklim-
pern, und als sie ihn holten, tat er mir leid. Was die
Soldaten, als sie ihn holten, gemacht haben mit ihm,
weiß ich nicht, wir hörten nur seinen Schrei... Einmal muß man auch vergessen können, finde ich.

Platz von Andorra, Andri sitzt allein.

ANDRI Man sieht mich von überall, ich weiß. Sie sollen mich sehen...

Er nimmt eine Zigarette.

Ich habe den Stein nicht geworfen!

Er raucht.

Sollen sie kommen, alle, die's gesehen haben mit eigenen Augen, sollen sie aus ihren Häusern kommen, wenn sie's wagen, und mit dem Finger zeigen auf mich.

Stimme flüstert.

Warum flüsterst du hinter der Mauer?

Stimme flüstert.

Ich versteh kein Wort, wenn du flüsterst.

Er raucht.

Ich sitze mitten auf dem Platz, ja, seit einer Stunde. Kein Mensch ist hier. Wie ausgestorben. Alle sind im Keller. Es sieht merkwürdig aus. Nur die Spatzen auf den Drähten.

Stimme flüstert.

Warum soll ich mich verstecken?

Stimme flüstert.

Ich habe den Stein nicht geworfen.

Er raucht.

Seit dem Morgengrauen bin ich durch eure Gassen geschlendert. Mutterseelenallein. Alle Läden herunter, jede Tür zu. Es gibt nur noch Hunde und

90

Katzen in eurem schneeweißen Andorra...
Man hört das Gedröhn eines fahrenden Lautspre-
chers, ohne daß man die Worte versteht, laut und
hallend.
Du sollst kein Gewehr tragen. Hast du's gehört? 's
ist aus.
Der Lehrer tritt hervor, ein Gewehr im Arm.
LEHRER Andri –
Andri raucht.
Wir suchen dich die ganze Nacht –
ANDRI Wo ist Barblin?
LEHRER Ich war droben im Wald –
ANDRI Was soll ich im Wald?
LEHRER Andri die Schwarzen sind da.
Er horcht.
Still.
ANDRI Was hörst du denn?
Lehrer entsichert das Gewehr.
– Spatzen, nichts als Spatzen!
Vogelzwitschern
LEHRER Hier kannst du nicht bleiben.
ANDRI Wo kann ich bleiben?
LEHRER Das ist Unsinn, was du tust, das ist Irrsinn –
Er nimmt Andri am Arm.
Jetzt komm!
ANDRI Ich habe den Stein nicht geworfen –
Er reißt sich los.
Ich habe den Stein nicht geworfen!
Geräusch
LEHRER Was war das?
ANDRI Fensterläden.

Er zertritt seine Zigarette.
Leute hinter Fensterläden.
Er nimmt eine nächste Zigarette.
Hast du Feuer?
Trommeln in der Ferne
LEHRER Hast du Schüsse gehört?
ANDRI Es ist stiller als je.
LEHRER Ich habe keine Ahnung, was jetzt geschieht.
ANDRI Das blaue Wunder.
LEHRER Was sagst du?
ANDRI Lieber tot als untertan.
Wieder das Gedröhn des fahrenden Lautsprechers
KEIN ANDORRANER HAT ETWAS ZU
FÜRCHTEN.
Hörst du's?
RUHE UND ORDNUNG / JEDES BLUTVER-
GIESSEN / IM NAMEN DES FRIEDENS / WER
EINE WAFFE TRÄGT ODER VERSTECKT /
DER OBERBEFEHLSHABER / KEIN AN-
DORRANER HAT ETWAS ZU FÜRCHTEN...
Stille
Eigentlich ist es genau so, wie man es sich hätte vor-
stellen können. Genau so.
LEHRER Wovon redest du?
ANDRI Von eurer Kapitulation.
Drei Männer, ohne Gewehr, gehen über den Platz.
Du bist der letzte mit einem Gewehr.
LEHRER Lumpenhunde.
ANDRI Kein Andorraner hat etwas zu fürchten.
Vogelzwitschern
Hast du kein Feuer?

Lehrer starrt den Männern nach.

Hast du bemerkt, wie sie gehn? Sie blicken einander nicht an. Und wie sie schweigen! Wenn es dann soweit ist, merkt jeder, was er alles nie geglaubt hat. Drum gehen sie heute so seltsam. Wie lauter Lügner.

Zwei Männer, ohne Gewehr, gehen über den Platz.

LEHRER Mein Sohn –

ANDRI Fang jetzt nicht wieder an!

LEHRER Du bist verloren, wenn du mir nicht glaubst.

ANDRI Ich bin nicht dein Sohn.

LEHRER Man kann sich seinen Vater nicht wählen. Was soll ich tun, damit du's glaubst? Was noch? Ich sag es ihnen, wo ich stehe und gehe, ich hab's den Kindern in der Schule gesagt, daß du mein Sohn bist. Was noch? Soll ich mich aufhängen, damit du's glaubst? Ich geh nicht weg von dir.

Er setzt sich zu Andri.

Andri –

Andri blickt an den Häusern herauf.

Wo schaust du hin?

Eine schwarze Fahne wird gehißt.

ANDRI Sie können's nicht erwarten.

LEHRER Woher haben sie die Fahnen?

ANDRI Jetzt brauchen sie nur noch einen Sündenbock.

Eine zweite Fahne wird gehißt.

LEHRER Komm nach Haus!

ANDRI Es hat keinen Zweck, Vater, daß du es nochmals erzählst. Dein Schicksal ist nicht mein Schicksal, Vater, und mein Schicksal ist nicht dein Schicksal.

LEHRER Mein einziger Zeuge ist tot.

ANDRI Sprich nicht von ihr!

LEHRER Du trägst ihren Ring –

ANDRI Was du getan hast, tut kein Vater.

LEHRER Woher weißt du das?

Andri horcht.

Ein Andorraner, sagen sie, hat nichts mit einer von drüben und schon gar nicht ein Kind. Ich hatte Angst vor ihnen, ja, Angst vor Andorra, weil ich feig war –

ANDRI Man hört zu.

LEHRER *sieht sich um und schreit gegen die Häuser:* – weil ich feig war! *Wieder zu Andri:* Drum hab ich das gesagt. Es war leichter, damals, ein Judenkind zu haben. Es war rühmlich. Sie haben dich gestreichelt, im Anfang haben sie dich gestreichelt, denn es schmeichelte ihnen, daß sie nicht sind wie diese da drüben.

Andri horcht.

Hörst du, was dein Vater sagt?

Geräusch eines Fensterladens

Sollen sie zuhören!

Geräusch eines Fensterladens

Andri –

ANDRI Sie glauben's dir nicht.

LEHRER Weil du mir nicht glaubst!

Andri raucht.

Du mit deiner Unschuld, ja, du hast den Stein nicht geworfen, sag's noch einmal, du hast den Stein nicht geworfen, ja, du mit dem Unmaß deiner Unschuld, sieh mich an wie ein Jud, aber du bist mein Sohn, ja, mein Sohn, und wenn du's nicht glaubst, bist du verloren.

ANDRI Ich bin verloren.

LEHRER Du willst meine Schuld!?

Andri blickt ihn an.

So sag es!

ANDRI Was?

LEHRER Ich soll mich aufhängen, Sag's!

Marschmusik in der Ferne

ANDRI Sie kommen mit Musik.

Er nimmt eine nächste Zigarette.

Ich bin nicht der erste, der verloren ist. Es hat keinen Zweck, was du redest. Ich weiß, wer meine Vorfahren sind. Tausende und Hunderttausende sind gestorben am Pfahl, ihr Schicksal ist mein Schicksal.

LEHRER Schicksal!

ANDRI Das verstehst du nicht, weil du kein Jud bist –

Er blickt in die Gasse.

Laß mich allein!

LEHRER Was siehst du?

ANDRI Wie sie die Gewehre auf den Haufen werfen.

Auftritt der Soldat, der entwaffnet ist, er trägt nur noch die Trommel, man hört, wie Gewehre hingeworfen werden; der Soldat spricht zurück:

SOLDAT Aber ordentlich! hab ich gesagt. Wie bei der Armee!

Er tritt zum Lehrer.

Her mit dem Gewehr.

LEHRER Nein.

SOLDAT Befehl ist Befehl.

LEHRER Nein.

SOLDAT Kein Andorraner hat etwas zu fürchten.

*Auftreten der Doktor, der Wirt, der Tischler, der
Geselle, der Jemand, alle ohne Gewehr.*

LEHRER Lumpenhunde! Ihr alle! Fötzel! Bis zum letzten Mann. Fötzel!

*Der Lehrer entsichert sein Gewehr und will auf die
Andorraner schießen, aber der Soldat greift ein, nach
einem kurzen lautlosen Ringen ist der Lehrer entwaffnet und sieht sich um.*

– mein Sohn! Wo ist mein Sohn?

Der Lehrer stürzt davon.

JEMAND Was in den gefahren ist.

*Im Vordergrund rechts, am Orchestrion, erscheint
Andri und wirft eine Münze ein, so daß seine Melodie spielt, und verschwindet langsam.*

Vordergrund

Während das Orchestrion spielt: zwei Soldaten in schwarzer Uniform, jeder mit einer Maschinenpistole, patrouillieren kreuzweise hin und her.

Vor der Kammer der Barblin. Andri und Barblin.
Trommeln in der Ferne.

ANDRI Hast du viele Male geschlafen mit ihm?

BARBLIN Andri.

ANDRI Ich frage, ob du viele Male mit ihm geschlafen
hast, während ich hier auf der Schwelle hockte und
redete. Von unsrer Flucht!

Barblin schweigt.

Hier hat er gestanden: barfuß, weißt du, mit offnem
Gurt –

BARBLIN Schweig!

ANDRI Brusthaar wie ein Affe.

Barblin schweigt.

Ein Kerl!

Barblin schweigt.

Hast du viele Male geschlafen mit ihm?

Barblin schweigt.

Du schweigst... Also wovon sollen wir reden in dieser Nacht? Ich soll jetzt nicht daran denken, sagst
du. Ich soll an meine Zukunft denken, aber ich habe
keine... Ich möchte ja nur wissen, ob's viele Male
war.

Barblin schluchzt.

Und es geht weiter?

Barblin schluchzt.

Wozu eigentlich möcht ich das wissen! Was geht's
mich an? Bloß um noch einmal ein Gefühl für dich

zu haben.

Andri horcht.

Sei doch still!

BARBLIN So ist ja alles gar nicht.

ANDRI Ich weiß nicht, wo die mich suchen –

BARBLIN Du bist ungerecht, so ungerecht.

ANDRI Ich werde mich entschuldigen, wenn sie kommen...

Barblin schluchzt.

Ich dachte, wir lieben uns. Wieso ungerecht? Ich frag ja bloß, wie das ist, wenn einer ein Kerl ist. Warum so zimperlich? Ich frag ja bloß, weil du meine Braut warst. Heul nicht! Das kannst du mir doch sagen, jetzt, wo du dich als meine Schwester fühlst.

Andri streicht über ihr Haar.

Ich habe zu lange gewartet auf dich...

Andri horcht.

BARBLIN Sie dürfen dir nichts antun!

ANDRI Wer bestimmt das?

BARBLIN Ich bleib bei dir!

Stille

ANDRI Jetzt kommt wieder die Angst –

BARBLIN Bruder!

ANDRI Plötzlich. Wenn die wissen, ich bin im Haus, und sie finden einen nicht, dann zünden sie das Haus an, das ist bekannt, und warten unten in der Gasse, bis der Jud durchs Fenster springt.

BARBLIN Andri – du bist keiner!

ANDRI Warum willst du mich denn verstecken?

Trommeln in der Ferne.

BARBLIN Komm in meine Kammer!

Andri schüttelt den Kopf.

BARBLIN Niemand weiß, daß hier noch eine Kammer ist.

ANDRI – außer Peider.

Die Trommeln verlieren sich.

So ausgetilgt.

BARBLIN Was sagst du?

ANDRI Was kommt, das ist ja alles schon geschehen. Ich sage: So ausgetilgt. Mein Kopf in deinem Schoß. Erinnerst du dich? Das hört ja nicht auf. Mein Kopf in deinem Schoß. War ich euch nicht im Weg? Ich kann es mir nicht vorstellen. Wenn schon! Ich kann es mir vorstellen. Was ich wohl geredet habe, als ich nicht mehr wahr? Warum hast du nicht gelacht? Du hast ja nicht einmal gelacht. So ausgetilgt, so ausgetilgt! Und ich hab's nicht einmal gespürt, wenn Peider in deinem Schoß war, dein Haar in seinen Händen. Wenn schon! Es ist ja alles schon geschehen...

Trommeln in der Nähe.

Sie merken's, wo die Angst ist.

BARBLIN – sie gehn vorbei.

ANDRI Sie umstellen das Haus.

Die Trommeln verstummen plötzlich.

Ich bin's, den sie suchen, das weißt du genau, ich bin nicht dein Bruder. Da hilft keine Lüge. Es ist schon zuviel gelogen worden. *Stille.* So küß mich doch!

BARBLIN Andri –

ANDRI Zieh dich aus!

BARBLIN Du hast den Verstand verloren, Andri.

ANDRI Jetzt küß mich und umarme mich!

Barblin wehrt sich.

's ist einerlei.

Barblin wehrt sich.

Tu nicht so treu, du –

Klirren einer Fensterscheibe.

BARBLIN Was war das?

ANDRI – sie wissen's, wo ich bin.

BARBLIN So lösch doch die Kerze!

Klirren einer zweiten Fensterscheibe.

ANDRI Küß mich!

BARBLIN Nein. Nein...

ANDRI Kannst du nicht, was du mit jedem kannst, fröhlich und nackt? Ich lasse dich nicht. Was ist anders mit andern? So sag es doch. Was ist anders? Ich küß dich, Soldatenbraut! Einer mehr oder weniger, zier dich nicht. Was ist anders mit mir? Sag's! Langweilt es dein Haar, wenn ich es küsse?

BARBLIN Bruder –

ANDRI Warum schämst du dich nur vor mir?

BARBLIN Jetzt laß mich!

ANDRI Jetzt, ja, jetzt und nie, ja, ich will dich, ja, fröhlich und nackt, ja, Schwesterlein, ja, ja, ja –

Barblin schreit.

Denk an die Tollkirschen.

Andri löst ihr die Bluse wie einer Ohnmächtigen.

Denk an unsere Tollkirschen –

BARBLIN Du bist irr!

Hausklingel

Hast du gehört? Du bist verloren, Andri, wenn du uns nicht glaubst. Versteck dich!

Hausklingel

ANDRI Warum haben wir uns nicht vergiftet, Barblin, als wir noch Kinder waren, jetzt ist's zu spät...

Schläge gegen die Haustüre

BARBLIN Vater macht nicht auf.

ANDRI Wie langsam.

BARBLIN Was sagst du?

ANDRI Ich sage, wie langsam es geht.

Schläge gegen die Haustüre

BARBLIN Herr, unser Gott, der Du bist, der Du bist, Herr, unser Allmächtiger, der Du bist in dem Himmel, Herr, Herr, der Du bist – Herr...

Krachen der Haustür

ANDRI Laß mich allein. Aber schnell. Nimm deine Bluse. Wenn sie dich finden bei mir, das ist nicht gut. Aber schnell. Denk an dein Haar.

Stimmen im Haus. Barblin löscht die Kerze, Tritte von Stiefeln, es erscheinen der Soldat mit der Trommel und zwei Soldaten in schwarzer Uniform, ausgerüstet mit einem Scheinwerfer: Barblin, allein vor der Kammer.

SOLDAT Wo ist er?

BARBLIN Wer?

SOLDAT Unser Jud.

BARBLIN Es gibt keinen Jud.

Soldat stößt sie weg und tritt zur Türe.

Untersteh dich!

SOLDAT Aufmachen.

BARBLIN Hilfe! Hilfe!

Andri tritt aus der Türe.

SOLDAT Das ist er.

Andri wird gefesselt.

BARBLIN Rührt meinen Bruder nicht an, er ist mein
Bruder –
SOLDAT Die Judenschau wird's zeigen.
BARBLIN Judenschau?
SOLDAT Also vorwärts.
BARBLIN Was ist das?
SOLDAT Vorwärts. Alle müssen vor die Judenschau.
Vorwärts.
Andri wird abgeführt.
Judenhure!

Vordergrund

Der Doktor tritt an die Zeugenschranke.

DOKTOR Ich möchte mich kurz fassen, obschon vieles zu berichtigen wäre, was heute geredet wird. Nachher ist es immer leicht zu wissen, wie man sich hätte verhalten sollen, abgesehen davon, daß ich, was meine Person betrifft, wirklich nicht weiß, warum ich mich anders hätte verhalten sollen. Was hat unsereiner denn eigentlich getan? Überhaupt nichts. Ich war Amtsarzt, was ich heute noch bin. Was ich damals gesagt haben soll, ich erinnere mich nicht mehr, es ist nun einmal meine Art, ein Andorraner sagt, was er denkt – aber ich will mich kurz fassen... Ich gebe zu: Wir haben uns damals alle getäuscht, was ich selbstverständlich nur bedauern kann. Wie oft soll ich das noch sagen? Ich bin nicht für Greuel, ich bin es nie gewesen. Ich habe den jungen Mann übrigens nur zwei- oder dreimal gesehen. Die Schlägerei, die später stattgefunden haben soll, habe ich nicht gesehen. Trotzdem verurteile ich sie selbstverständlich. Ich kann nur sagen, daß es nicht meine Schuld ist, einmal abgesehen davon, daß sein Benehmen (was man leider nicht verschweigen kann) mehr und mehr (sagen wir es offen) etwas Jüdisches hatte, obschon der junge Mann, mag sein, ein Andorraner war wie unsereiner. Ich bestreite

104

keineswegs, daß wir sozusagen einer gewissen Aktualität erlegen sind. Es war, vergessen wir nicht, eine aufgeregte Zeit. Was meine Person betrifft, habe ich nie an Mißhandlungen teilgenommen oder irgend jemand dazu aufgefordert. Das darf ich wohl vor aller Öffentlichkeit betonen. Eine tragische Geschichte, kein Zweifel. Ich bin nicht schuld, daß es dazu gekommen ist. Ich glaube im Namen aller zu sprechen, wenn ich, um zum Schluß zu kommen, nochmals wiederhole, daß wir den Lauf der Dinge – damals – nur bedauern können.

Platz von Andorra. Der Platz ist umstellt von Solda-
ten in schwarzer Uniform. Gewehr bei Fuß, reglos.
Die Andorraner, wie eine Herde im Pferch, warten
stumm, was geschehen soll. Lange geschieht nichts.
Es wird nur geflüstert.

DOKTOR Nur keine Aufregung. Wenn die Judenschau
vorbei ist, bleibt alles wie bisher. Kein Andorraner
hat etwas zu fürchten, das haben wir schwarz auf
weiß. Ich bleibe Amtsarzt, und der Wirt bleibt Wirt,
Andorra bleibt andorranisch...

Trommeln

GESELLE Jetzt verteilen sie die schwarzen Tücher.

Es werden schwarze Tücher ausgeteilt.

DOKTOR Nur jetzt kein Widerstand.

Barblin erscheint, sie geht wie eine Verstörte von
Gruppe zu Gruppe, zupft die Leute am Ärmel, die
ihr den Rücken kehren, sie flüstert etwas, was man
nicht versteht.

WIRT Jetzt sagen sie plötzlich, er sei keiner.

JEMAND Was sagen sie?

WIRT Er sei keiner.

DOKTOR Dabei sieht man's auf den ersten Blick.

JEMAND Wer sagt das?

WIRT Der Lehrer.

DOKTOR Jetzt wird es sich ja zeigen.

WIRT Jedenfalls hat er den Stein geworfen.

JEMAND Ist das erwiesen?

WIRT Erwiesen!?

DOKTOR Wenn er keiner ist, wieso versteckt er sich denn? Wieso hat er Angst? Wieso kommt er nicht auf den Platz wie unsereiner?

WIRT Sehr richtig.

DOKTOR Wieso soll er keiner sein?

WIRT Sehr richtig.

JEMAND Sie haben ihn gesucht die ganze Nacht, heißt es.

DOKTOR Sie haben ihn gefunden.

JEMAND Ich möchte auch nicht in seiner Haut stecken.

WIRT Jedenfalls hat er den Stein geworfen –

Sie verstummen, da ein schwarzer Soldat kommt, sie müssen die schwarzen Tücher in Empfang nehmen. Der Soldat geht weiter.

DOKTOR Wie sie einem ganzen Volk diese Tücher verteilen: ohne ein lautes Wort! Das nenne ich Organisation. Seht euch das an! Wie das klappt.

JEMAND Die stinken aber.

Sie schnuppern an ihren Tüchern.

Angstschweiß...

Barblin kommt zu der Gruppe mit dem Doktor und dem Wirt, zupft sie am Ärmel und flüstert, man kehrt ihr den Rücken, sie irrt weiter.

Was sagt sie?

DOKTOR Das ist ja Unsinn.

WIRT Das wird sie teuer zu stehen kommen.

DOKTOR Nur jetzt kein Widerstand.

Barblin tritt zu einer andern Gruppe, zupft sie am Ärmel und flüstert, man kehrt ihr den Rücken, sie irrt weiter.

WIRT Wenn ich es mit eignen Augen gesehen hab! Hier an dieser Stelle. Erwiesen? Er fragt, ob das erwiesen sei. Wer sonst soll diesen Stein geworfen haben?

JEMAND Ich frag ja bloß.

WIRT Einer von uns vielleicht?

JEMAND Ich war nicht dabei.

WIRT Aber ich!

Doktor legt den Finger auf den Mund.

Hab ich vielleicht den Stein geworfen?

DOKTOR Still.

WIRT – ich?

DOKTOR Wir sollen nicht sprechen.

WIRT Hier, genau an dieser Stelle, bitte sehr, hier lag der Stein, ich hab ihn ja selbst gesehen, ein Pflasterstein, ein loser Pflasterstein, und so hat er ihn genommen –

Der Wirt nimmt einen Pflasterstein.

– so...

Hinzu tritt der Tischler.

TISCHLER Was ist los?

DOKTOR Nur keine Aufregung.

TISCHLER Wozu diese schwarzen Tücher?

DOKTOR Judenschau.

TISCHLER Was sollen wir damit?

Die schwarzen Soldaten, die den Platz umstellen, präsentieren plötzlich das Gewehr: ein Schwarzer, in Zivil, geht mit flinken kurzen Schritten über den Platz.

DOKTOR Da war er.

TISCHLER Wer?

DOKTOR Der Judenschauer.

Die Soldaten schmettern das Gewehr bei Fuß.

WIRT − und wenn er sich irrt?

DOKTOR Der irrt sich nicht.

WIRT − was dann?

DOKTOR Wieso soll er sich irren?

WIRT − aber gesetzt den Fall: was dann?

DOKTOR Der hat den Blick. Verlaßt euch drauf! Der riecht's. Der sieht's am bloßen Gang, wenn einer über den Platz geht. Der sieht's an den Füßen.

JEMAND Drum sollen wir die Schuh ausziehen?

DOKTOR Der ist als Judenschauer geschult.

Barblin erscheint wieder und sucht Gruppen, wo sie noch nicht gewesen ist, sie findet den Gesellen, zupft ihn am Ärmel und flüstert, der Geselle macht sich los.

GESELLE Du laß mich in Ruh!

Der Doktor steckt sich einen Zigarillo an.

Die ist ja übergeschnappt. Keiner soll über den Platz gehn, sagt sie, dann sollen sie uns alle holen. Sie will ein Zeichen geben. Die ist ja übergeschnappt.

Ein schwarzer Soldat sieht, daß der Doktor raucht, und tritt zum Doktor, das Gewehr mit aufgepflanztem Bajonett stoßbereit, der Doktor erschrickt, wirft seinen Zigarillo aufs Pflaster, zertritt ihn und ist bleich.

Sie haben ihn gefunden, heißt es...

Trommeln

Jetzt geht's los.

Sie ziehen die Tücher über den Kopf.

WIRT Ich zieh kein schwarzes Tuch über den Kopf!

JEMAND Wieso nicht?

WIRT Das tu ich nicht!

GESELLE Befehl ist Befehl.

WIRT Wozu das?

DOKTOR Das machen sie überall, wo einer sich versteckt. Das habt ihr davon. Wenn wir ihn ausgelie-
fert hätten sofort –

Der Idiot erscheint.

WIRT Wieso hat der kein schwarzes Tuch?

JEMAND Dem glauben sie's, daß er keiner ist.

*Der Idiot grinst und nickt, geht weiter, um überall die
Vermummten zu mustern und zu grinsen. Nur der
Wirt steht noch unvermummt.*

WIRT Ich zieh kein schwarzes Tuch über den Kopf!

VERMUMMTER Dann wird er ausgepeitscht.

WIRT – ich?

VERMUMMTER Er hat das gelbe Plakat nicht gelesen.

WIRT Wieso ausgepeitscht?

Trommelwirbel

VERMUMMTER Jetzt geht's los.

VERMUMMTER Nur keine Aufregung.

VERMUMMTER Jetzt geht's los.

Trommelwirbel

WIRT Ich bin der Wirt. Warum glaubt man mir nicht?
Ich bin der Wirt, jedes Kind weiß, wer ich bin, ihr
alle, euer Wirt...

VERMUMMTER Er hat Angst!

WIRT Erkennt ihr mich denn nicht?

VERMUMMTER Er hat Angst, er hat Angst!

Einige Vermummte lachen.

WIRT Ich zieh kein schwarzes Tuch über den Kopf...

110

VERMUMMTER Er wird ausgepeitscht.

WIRT Ich bin kein Jud!

VERMUMMTER Er kommt in ein Lager.

WIRT Ich bin kein Jud!

VERMUMMTER Er hat das gelbe Plakat nicht gelesen.

WIRT Erkennt ihr mich nicht? Du da? Ich bin der Wirt.
Wer bist du? Das könnt ihr nicht machen. Ihr da!
Ich bin der Wirt, ich bin der Wirt. Erkennt ihr mich
nicht? Ihr könnt mich nicht einfach im Stich lassen.
Du da. Wer bin ich?

*Der Wirt hat den Lehrer gefaßt, der eben mit der
Mutter erschienen ist, unvermummt.*

LEHRER Du bist's, der den Stein geworfen hat?

Der Wirt läßt den Pflasterstein fallen.

Warum sagst du, mein Sohn hat's getan?

*Der Wirt vermummt sich und mischt sich unter die
Vermummten, der Lehrer und die Mutter stehen allein.*

Wie sie sich alle vermummen!

Pfiff

VERMUMMTER Was soll das bedeuten?

VERMUMMTER Schuh aus.

VERMUMMTER Wer?

VERMUMMTER Alle.

VERMUMMTER Jetzt,

VERMUMMTER Schuh aus, Schuh aus.

VERMUMMTER Wieso?

VERMUMMTER Er hat das gelbe Plakat nicht gelesen...

*Alle Vermummten knien nieder, um ihre Schuhe
auszuziehen, Stille, es dauert eine Weile.*

LEHRER Wie sie gehorchen!

111

Ein schwarzer Soldat kommt, auch der Lehrer und die Mutter müssen ein schwarzes Tuch nehmen.

VERMUMMTER Ein Pfiff, das heißt: Schuh aus. Laut Plakat. Und zwei Pfiff, das heißt: marschieren.

VERMUMMTER Barfuß?

VERMUMMTER Was sagt er?

VERMUMMTER Schuh aus, Schuh aus.

VERMUMMTER Und drei Pfiff, das heißt Tuch ab.

VERMUMMTER Wieso Tuch ab?

VERMUMMTER Alles laut Plakat.

VERMUMMTER Was sagt er?

VERMUMMTER Alles laut Plakat.

VERMUMMTER Was heißt zwei Pfiff?

VERMUMMTER Marschieren?

VERMUMMTER Wieso barfuß?

VERMUMMTER Und drei Pfiff, das heißt: Tuch ab.

VERMUMMTER Wohin mit den Schuhn?

VERMUMMTER Tuch ab, das heißt: das ist der Jud.

VERMUMMTER Alles laut Plakat.

VERMUMMTER Kein Andorraner hat etwas zu fürchten.

VERMUMMTER Was sagt er?

VERMUMMTER Kein Andorraner hat etwas zu fürchten.

VERMUMMTER Wohin mit den Schuhn?

Der Lehrer, unvermummt, tritt mitten unter die Vermummten und ist der einzige, der steht.

LEHRER Andri ist mein Sohn.

VERMUMMTER Was können wir dafür.

LEHRER Hört ihr, was ich sage?

VERMUMMTER Was sagt er?

VERMUMMTER Andri sei sein Sohn.

VERMUMMTER Warum versteckt er sich denn?

112

LEHRER Ich sage: Andri ist mein Sohn.

VERMUMMTER Jedenfalls hat er den Stein geworfen.

LEHRER Wer von euch sagt das?

VERMUMMTER Wohin mit den Schuhn?

LEHRER Warum lügt ihr? Einer von euch hat's getan.
Warum sagt ihr, mein Sohn hat's getan –
Trommelwirbel
Wer unter ihnen der Mörder ist, sie untersuchen es
nicht. Tuch drüber! Sie wollen's nicht wissen. Tuch
darüber! Daß einer sie fortan bewirtet mit Mörder-
händen, es stört sie nicht. Wohlstand ist alles! Der
Wirt bleibt Wirt, der Amtsarzt bleibt Amtsarzt.
Schau sie dir an! wie sie ihre Schuhe richten in Reih
und Glied. Alles laut Plakat! Und einer von ihnen
ist doch ein Meuchelmörder. Tuch darüber! Sie
hassen nur den, der sie daran erinnert –
Trommelwirbel
Ihr seid ein Volk! Herrgott im Himmel, den es nicht
gibt zu eurem Glück, ihr seid ein Volk!
Auftritt der Soldat mit der Trommel.

SOLDAT Bereit?
*Alle Vermummten erheben sich, ihre Schuhe in der
Hand.*
Die Schuh bleiben am Platz. Aber ordentlich. Wie
bei der Armee. Verstanden? Schuh neben Schuh.
Wird's? Die Armee ist verantwortlich für Ruhe und
Ordnung. Was macht das für einen Eindruck! Ich
habe gesagt: Schuh neben Schuh. Und hier wird
nicht gemurrt.
Der Soldat prüft die Reihe der Schuhe.
Die da!

VERMUMMTER Ich bin der Wirt.

SOLDAT Zu weit hinten!

Der Vermummte richtet seine Schuhe aus.

Ich verlese nochmals die Order.

Ruhe

»Bürger von Andorra! Die Judenschau ist eine Maßnahme zum Schutze der Bevölkerung in befreiten Gebieten, beziehungsweise zur Wiederherstellung von Ruhe und Ordnung. Kein Andorraner hat etwas zu fürchten. Ausführungsbestimmungen siehe gelbes Plakat.« Ruhe! »Andorra, 15. September. Der Oberbefehlshaber.« – Wieso haben Sie kein Tuch überm Kopf?

LEHRER Wo ist mein Sohn?

SOLDAT Wer?

LEHRER Wo ist Andri?

SOLDAT Der ist dabei, keine Sorge, der ist uns nicht durch die Maschen gegangen. Der marschiert. Barfuß wie alle andern.

LEHRER Hast du verstanden, was ich sage?

SOLDAT Ausrichten! Auf Vordermanngehen!

LEHRER Andri ist mein Sohn.

SOLDAT Das wird sich jetzt zeigen –

Trommelwirbel

Ausrichten!

Die Vermummten ordnen sich.

Also, Bürger von Andorra, verstanden: 's wird kein Wort geredet, wenn der Judenschauer da ist. Ist das klar? Hier geht's mit rechten Dingen zu, das ist wichtig. Wenn gepfiffen wird: stehenbleiben auf der Stelle. Verstanden? Achtungstellung wird nicht verlangt. Ist das klar? Achtungstellung macht nur die Armee, weil sie's geübt hat. Wer kein Jud ist, ist frei. Das heißt: Ihr geht sofort an die Arbeit. Ich schlag die Trommel.

Der Soldat tut es.

Und so einer nach dem andern. Wer nicht stehenbleibt, wenn der Judenschauer pfeift, wird auf der Stelle erschossen. Ist das klar?

Glockenbimmeln

LEHRER Wo bleibt der Pater in dieser Stunde?

SOLDAT Der betet wohl für den Jud!

LEHRER Der Pater weiß die Wahrheit –

Auftritt der Judenschauer

SOLDAT Ruhe!

Die schwarzen Soldaten präsentieren das Gewehr und verharren in dieser Haltung, bis der Judenschauer, der sich wie ein schlichter Beamter benimmt, sich auf den Sessel gesetzt hat inmitten des Platzes. Gewehr bei Fuß. Der Judenschauer nimmt seinen Zwicker ab, putzt ihn, setzt ihn wieder auf. Auch der Lehrer und die Mutter sind jetzt vermummt. Der Judenschauer wartet, bis das Glockenbimmeln verstummt ist, dann gibt er ein Zeichen; zwei Pfiffe.

Der erste!

Niemand rührt sich.

Los, vorwärts, los!

Der Idiot geht als erster.

Du doch nicht!

Angstgelächter unter den Vermummten.

Ruhe!

Trommelschlag

Was ist denn los, verdammt nochmal, ihr sollt über den Platz gehen wie gewöhnlich. Also los – vorwärts!

Niemand rührt sich.

Kein Andorraner hat etwas zu fürchten...

Barblin, vermummt, tritt vor.

Hierher!

Barblin tritt vor den Judenschauer und wirft ihm das schwarze Tuch vor die Stiefel.

Was soll das?

BARBLIN Das ist das Zeichen.

Bewegung unter den Vermummten.

Sag's ihm: Kein Andorraner geht über den Platz! Keiner von uns! Dann sollen sie uns peitschen. Sag's ihm! Dann sollen sie uns alle erschießen.

Zwei schwarze Soldaten fassen Barblin, die sich vergeblich wehrt. Niemand rührt sich. Die schwarzen Soldaten ringsum haben ihre Gewehre in den Anschlag genommen. Alles lautlos. Barblin wird weggeschleift.

SOLDAT ...Also los jetzt. Einer nach dem andern. Muß man euch peitschen? Einer nach dem andern.

Jetzt gehen sie.

Langsam, langsam!

Wer vorbei ist, zieht das Tuch vom Kopf.

Die Tücher werden zusammengefaltet. Aber ordentlich! hab ich gesagt. Sind wir ein Saustall hierzuland? Das Hoheitszeichen kommt oben rechts. Was sollen unsre Ausländer sich denken!

Andere gehen zu langsam.

Aber vorwärts, daß es Feierabend gibt.

Der Judenschauer mustert ihren Gang aufmerksam,
aber mit der Gelassenheit der Gewöhnung und von
seiner Sicherheit gelangweilt. Einer strauchelt über
den Pflasterstein.

Schaut euch das an!

VERMUMMTER Ich heiße Prader.

SOLDAT Weiter.

VERMUMMTER Wer hat mir das Bein gestellt?

SOLDAT Niemand.

Der Tischler nimmt sein Tuch ab.

Weiter, sag ich, weiter. Der nächste. Und wer vorbei ist, nimmt sofort seine Schuh. Muß man euch alles sagen, Herrgott nochmal, wie in einem Kindergarten?

Trommelschlag

TISCHLER Jemand hat mir das Bein gestellt.

SOLDAT Ruhe!

Einer geht in falscher Richtung.

Wie die Hühner, also wie die Hühner!

Einige, die vorbei sind, kichern.

VERMUMMTER Ich bin der Amtsarzt.

SOLDAT Schon gut, schon gut.

Doktor nimmt sein Tuch ab.

Nehmen Sie Ihre Schuh.

DOKTOR Ich kann nicht sehen, wenn ich ein Tuch über den Kopf habe. Das bin ich nicht gewohnt. Wie soll ich gehen, wenn ich keinen Boden sehe!

SOLDAT Weiter, sag ich, weiter.

DOKTOR Das ist eine Zumutung!

SOLDAT Der nächste.

Trommelschlag
Könnt ihr eure verdammten Schuh nicht zu Haus anziehen? Wer frei ist, hab ich gesagt, nimmt seine Schuh und verschwindet. Was steht ihr da herum und gafft?

Trommelschlag
Der nächste.

DOKTOR Wo sind meine Schuhe? Jemand hat meine Schuhe genommen. Das sind nicht meine Schuhe.

SOLDAT Warum nehmen Sie grad die?

DOKTOR Sie stehen an meinem Platz.

SOLDAT Also wie ein Kindergarten!

DOKTOR Sind das vielleicht meine Schuhe?

Trommelschlag
Ich gehe nicht ohne meine Schuhe.

SOLDAT Jetzt machen Sie keine Krämpfe!

DOKTOR Ich geh nicht barfuß. Das bin ich nicht gewohnt. Und sprechen Sie anständig mit mir. Ich lasse mir diesen Tonfall nicht gefallen.

SOLDAT Also was ist denn los?

DOKTOR Ich mache keine Krämpfe.

SOLDAT Ich weiß nicht, was Sie wollen.

DOKTOR Meine Schuhe.

Der Judenschauer gibt ein Zeichen; ein Pfiff.
SOLDAT Ich bin im Dienst!

Trommelschlag
Der nächste.

Niemand rührt sich.
DOKTOR Das sind nicht meine Schuhe!

Soldat nimmt ihm die Schuhe aus der Hand.
Ich beschwere mich, jawohl, ich beschwere mich,

jemand hat meine Schuhe vertauscht, ich gehe keinen Schritt, und wenn man mich anschnauzt schon
gar nicht.

SOLDAT Wem gehören diese Schuh?

DOKTOR Ich heiße Ferrer –

SOLDAT Wem gehören diese Schuh?

Er stellt sie vorne an die Rampe.

's wird sich ja zeigen!

DOKTOR Ich weiß genau, wem die gehören.

SOLDAT Also weiter!

Trommelschlag

Der nächste.

Niemand rührt sich.

DOKTOR ich habe sie.

Niemand rührt sich.

SOLDAT Wer hat denn jetzt wieder Angst?

*Sie gehen wieder einer nach dem andern, das Ver-
fahren ist eingespielt, so daß es langweilig wird. Einer
von denen, die vorbeigegangen sind vor dem Judenschauer und das Tuch vom Kopf nehmen, ist der Geselle.*

GESELLE Wie ist das mit dem Hoheitszeichen?

EINER Oben rechts.

GESELLE Ob er schon durch ist?

*Der Judenschauer gibt wieder ein Zeichen; drei
Pfiffe.*

SOLDAT Halt!

Der Vermummte steht.

Tuch ab.

Der Vermummte rührt sich nicht.

Tuch ab, Jud, hörst du nicht!

Der Soldat tritt zu dem Vermummten und nimmt ihm das Tuch ab, es ist der Jemand, starr vor Schrecken. Der ist's nicht. Der sieht nur so aus, weil er Angst hat. Der ist es nicht. So hab doch keine Angst! Der sieht nämlich ganz anders aus, wenn er lustig ist...

Der Judenschauer hat sich erhoben, umschreitet den Jemand, mustert lang und beamtenhaft – unbeteiligt – gewissenhaft. Der Jemand entstellt sich zusehends. Der Judenschauer hält ihm seinen Kugelschreiber unters Kinn.

Kopf hoch, Mensch, starr nicht wie einer!

Der Judenschauer mustert noch die Füße, setzt sich wieder und gibt einen nachlässigen Wink.

Hau ab, Mensch!

Entspannung in der Menge.

DOKTOR Der irrt sich nicht. Was hab ich gesagt? Der irrt sich nie, der hat den Blick...

Trommelschlag

SOLDAT Der nächste.

Sie gehen wieder im Gänsemarsch.

Was ist denn das für eine Schweinerei, habt ihr kein eignes Taschentuch, wenn ihr schwitzt, ich muß schon sagen!

Ein Vermummter nimmt den Pflasterstein.

Heda, was macht denn der?

VERMUMMTER Ich bin der Wirt –

SOLDAT Was kümmert Sie dieser Pflasterstein?

VERMUMMTER Ich bin der Wirt – ich – ich –

Der Wirt bleibt vermummt.

SOLDAT Scheißen Sie deswegen nicht in die Hose!

*Es wird da und dort gekichert, wie man über eine be-
liebte lächerliche Figur kichert, mitten in diese bäng-
liche Heiterkeit hinein fällt der dreifache Pfiff auf das
Zeichen des Judenschauers.*

Halt. –

Der Lehrer nimmt sein Tuch ab.

Nicht Sie, der dort, der andre!

Der Vermummte rührt sich nicht.

Tuch ab!

Der Judenschauer erhebt sich.

DOKTOR Der hat den Blick. Was hab ich gesagt? Der
sieht's am Gang...

SOLDAT Drei Schritt vor!

DOKTOR Er hat ihn...

SOLDAT Drei Schritt zurück!

Der Vermummte gehorcht.

Lachen!

DOKTOR Er hört's am Lachen...

SOLDAT Lachen! oder sie schießen.

Der Vermummte versucht zu lachen.

lauter!

Der Vermummte versucht zu lachen.

DOKTOR Wenn das kein Judenlachen ist...

Der Soldat stößt den Vermummten.

SOLDAT Tuch ab, Jud, es hilft dir nichts. Tuch ab. Zeig
dein Gesicht. Oder sie schießen.

LEHRER Andri?

SOLDAT Ich zähl auf drei.

Der Vermummte rührt sich nicht.

Eins –

LEHRER Nein!

SOLDAT Zwei –

Der Lehrer reißt ihm das Tuch ab.

Drei...

LEHRER Mein Sohn!

Der Judenschauer umschreitet und mustert Andri.

Es ist mein Sohn!

Der Judenschauer mustert die Füße, dann gibt er ein Zeichen, genauso nachlässig wie zuvor, aber ein anderes Zeichen, und zwei schwarze Soldaten übernehmen Andri.

TISCHLER Gehn wir.

Mutter tritt vor und nimmt ihr Tuch ab.

SOLDAT Was will jetzt die?

MUTTER Ich sag die Wahrheit.

SOLDAT Ist Andri dein Sohn?

MUTTER Nein.

SOLDAT Hört ihr's! Hört ihr's?

MUTTER Aber Andri ist der Sohn von meinem Mann –

WIRT Sie soll's beweisen.

MUTTER Das ist wahr. Und Andri hat den Stein nicht geworfen, das weiß ich auch, denn Andri war zu Haus, als das geschehn ist. Das schwör ich. Ich war selbst zu Haus. Das weiß ich und das schwör ich bei Gott, dem Allmächtigen, der unser Richter ist in Ewigkeit.

WIRT Sie lügt.

MUTTER Laßt ihn los!

Der Judenschauer erhebt sich nochmals.

SOLDAT Ruhe!

Der Judenschauer tritt nochmals zu Andri und wiederholt die Musterung, dann kehrt er die Hosenta-

122

schen von Andri, Münzen fallen heraus, die Andor-
raner weichen vor dem rollenden Geld, als ob es
Lava wäre, der Soldat lacht.
Judengeld.
DOKTOR Der irrt sich nicht...
LEHRER Was, Judengeld? Euer Geld, unser Geld. Was
habt ihr denn andres in euren Taschen?
Der Judenschauer betastet das Haar.
Warum schweigst du?!
Andri lächelt.
Er ist mein Sohn, er soll nicht sterben, mein Sohn,
mein Sohn!
Der Judenschauer geht, die Schwarzen präsentieren
das Gewehr; der Soldat übernimmt die Führung.
SOLDAT Woher dieser Ring?
TISCHLER Wertsachen hat er auch...
SOLDAT Her damit!
ANDRI Nein.
SOLDAT Nein – bitte...
SOLDAT Oder sie hauen dir den Finger ab.
ANDRI Nein! Nein!
Andri setzt sich zur Wehr.
TISCHLER Wie er sich wehrt um seine Wertsachen...
DOKTOR Gehn wir...
Andri ist von schwarzen Soldaten umringt und nicht
zu sehen, als man seinen Schrei hört, dann Stille.
Andri wird abgeführt.
LEHRER Duckt euch. Geht heim. Ihr wißt von nichts.
Ihr habt es nicht gesehen. Ekelt euch. Geht heim
vor euren Spiegel und ekelt euch.
Die Andorraner verlieren sich nach allen Seiten, je-

der nimmt seine Schuhe.

SOLDAT Der braucht jetzt keine Schuhe mehr.

Der Soldat geht.

JEMAND Der arme Jud. –

WIRT Was können wir dafür.

Der Jemand geht ab, die anderen gehen in Richtung auf die Pinte.

TISCHLER Mir einen Korn.

DOKTOR Mir auch einen Korn.

TISCHLER Da sind noch seine Schuh.

DOKTOR Gehn wir hinein.

TISCHLER Das mit dem Finger ging zu weit...

Tischler, Doktor und Wirt verschwinden in der Pinte. Die Szene wird dunkel, das Orchestrion fängt von selbst an zu spielen, die immergleiche Platte. Wenn die Szene wieder hell wird, kniet Barblin und weißelt das Pflaster des Platzes; Barblin ist geschoren. Auftritt der Pater. Die Musik hört auf.

BARBLIN Ich weißle, ich weißle.

PATER Barblin!

BARBLIN Warum soll ich nicht weißeln, Hochwürden, das Haus meiner Väter?

PATER Du redest irr.

BARBLIN Ich weißle.

PATER Das ist nicht das Haus deines Vaters, Barblin.

BARBLIN Ich weißle, ich weißle.

PATER Es hat keinen Sinn.

BARBLIN Es hat keinen Sinn.

Auftritt der Wirt.

WIRT Was macht denn die hier?

BARBLIN Hier sind seine Schuh.

Wirt will die Schuhe holen.
Halt!
PATER Sie hat den Verstand verloren.
BARBLIN Ich weißle, ich weißle. Was macht ihr? Wenn ihr nicht seht, was ich sehe, dann seht ihr: Ich weißle.
WIRT Laß das!
BARBLIN Blut, Blut, Blut überall.
WIRT Das sind meine Tische!
BARBLIN Meine Tische, deine Tische, unsre Tische.
WIRT Sie soll das lassen!
BARBLIN Wer bist du?
PATER Ich habe schon alles versucht.
BARBLIN Ich weißle, ich weißle, auf daß wir ein weißes Andorra haben, ihr Mörder, ein schneeweißes Andorra, ich weißle euch alle – alle.
Auftritt der ehemalige Soldat.
Er soll mich in Ruh lassen, Hochwürden, er hat ein Aug auf mich, Hochwürden, ich bin verlobt.
SOLDAT Ich habe Durst.
BARBLIN Er kennt mich nicht.
SOLDAT Wer ist die?
BARBLIN Die Judenhure Barblin.
SOLDAT Verschwinde!
BARBLIN Wer bist du?
Barblin lacht.
Wo hast du deine Trommel?
SOLDAT Lach nicht!
BARBLIN Wo hast du meinen Bruder hingebracht?
Auftritt der Tischler mit dem Gesellen.
Woher kommt ihr, ihr alle, wohin geht ihr, ihr alle,

warum geht ihr nicht heim, ihr alle, ihr alle, und hängt euch auf?

TISCHLER Was sagt sie?

BARBLIN Der auch!

WIRT Die ist übergeschnappt.

SOLDAT Schafft sie doch weg.

BARBLIN Ich weißle.

TISCHLER Was soll das?

BARBLIN Ich weißle, ich weißle.

Auftritt der Doktor.

Haben Sie einen Finger gesehn?

Doktor sprachlos.

Haben Sie keinen Finger gesehn

SOLDAT Jetzt aber genug!

PATER Laßt sie in Ruh.

WIRT Sie ist ein öffentliches Ärgernis.

TISCHLER Sie soll uns in Ruh lassen.

WIRT Was können wir dafür.

GESELLE Ich hab sie ja gewarnt.

DOKTOR Ich finde, sie gehört in eine Anstalt.

Barblin starrt.

PATER Ihr Vater hat sich im Schulzimmer erhängt. Sie sucht ihren Vater, sie sucht ihr Haar, sie sucht ihren Bruder.

Alle, außer Pater und Barblin, gehen in die Pinte.

Barblin, hörst du, wer zu dir spricht?

Barblin weißelt das Pflaster.

Ich bin gekommen, um dich heimzuführen.

BARBLIN Ich weißle.

PATER Ich bin der Pater Benedikt.

Barblin weißelt das Pflaster.

Ich bin der Pater Benedikt.

BARBLIN Wo, Pater Benedikt, bist du gewesen, als sie unsern Bruder geholt haben wie Schlachtvieh, wie Schlachtvieh, wo? Schwarz bist du geworden, Pater Benedikt...

Pater schweigt.

Vater ist tot.

PATER Das weiß ich, Barblin.

BARBLIN Und mein Haar?

PATER Ich bete für Andri jeden Tag.

BARBLIN Und mein Haar?

PATER Dein Haar, Barblin, wird wieder wachsen –

BARBLIN Wie das Gras aus den Gräbern.

Der Pater will Barblin wegführen, aber sie bleibt plötzlich stehen und kehrt zu den Schuhen zurück.

PATER Barblin – Barblin...

BARBLIN Hier sind seine Schuh. Rührt sie nicht an! Wenn er wiederkommt, das hier sind seine Schuh.

Zeittafel

1911 geboren in Zürich am 15. Mai als Sohn eines Architekten

1924–1930 Realgymnasium in Zürich

1931–1933 Studium der Germanistik in Zürich, abgebrochen, freier Journalist
Balkan-Reise

1934 *Jürg Reinhart*

1936–1941 Studium der Architektur an der ETH in Zürich. Diplom

1938 Conrad Ferdinand Meyer-Preis

1939–1945 Militärdienst als Kanonier

1940 *Blätter aus dem Brotsack*

1942 Architekturbüro in Zürich

1943 *J'adore ce qui me brûle oder Die Schwierigen*

1945 *Bin oder Die Reise nach Peking*
Nun singen sie wieder

1946 Reise nach Deutschland, Italien, Frankreich

1947 *Tagebuch mit Marion*
Die Chinesische Mauer

1948 Reisen nach Prag, Berlin, Warschau
Kontakt mit Bertolt Brecht in Zürich

1949 *Als der Krieg zu Ende war*

1950 *Tagebuch 1946-1949*

1951 *Graf Öderland*
Rockefeller Grant for Drama

1952 Einjähriger Aufenthalt in den USA, Mexiko

1953 *Don Juan oder Die Liebe zur Geometrie*

1954 Stiller
Auflösung des Architekturbüros, freier Schriftsteller

1955 Wilhelm Raabe-Preis der Stadt Braunschweig
Pamphlet *achtung: die schweiz*

1956 Reise nach den USA, Mexiko, Kuba

1957 *Homo faber*
Reise in die arabischen Staaten

1958 *Biedermann und die Brandstifter*
Die große Wut des Philipp Hotz
Georg Büchner-Preis
Literaturpreis der Stadt Zürich

1960–1965 Wohnsitz in Rom

1961 *Andorra*

1962 Dr. h. c. der Philipps-Universität Marburg
1963 Literaturpreis von Nordrhein-Westfalen
1964 *Mein Name sei Gantenbein*
1965 Preis der Stadt Jerusalem
 Reise nach Israel
 Schiller-Preis des Landes Baden-Württemberg
 Wohnsitz im Tessin, Schweiz
1966 Erste Reise in die UdSSR, Polen
1967 *Biografie: Ein Spiel*
1968 Zweite Reise in die UdSSR
 Öffentlichkeit als Partner
 Politische Publizistik in Zürich
1969 *Dramaturgisches*
 Aufenthalt in Japan
1970 Aufenthalt in den USA
1971 *Wilhelm Tell für die Schule*
 Aufenthalt in den USA
1972 *Tagebuch 1966-1971*
1974 *Dienstbüchlein*
 Großer Schillerpreis der Schweizerischen
 Schillerstiftung
1975 *Montauk*
1976 *Gesammelte Werke in zeitlicher Folge*
 Friedenspreis des Deutschen Buchhandels
 Max Frisch/Hartmut von Hentig,
 Zwei Reden zum Friedenspreis des
 Deutschen Buchhandels 1976
 Wir hoffen. Rede zur Verleihung des Friedens-
 preises (Schallplatte)
1978 *Triptychon*. Drei szenische Bilder
 Der Traum des Apothekers von Locarno.
 Erzählungen
1979 *Der Mensch erscheint im Holozän.*
 Eine Erzählung
1982 *Blaubart*. Erzählung
1983 *Forderungen des Tages.*
 Porträts, Skizzen, Reden 1943-1982
1986 Neustadt-Literatur-Preis
1989 Heinrich Heine-Preis der Stadt Düsseldorf
1990 *Schweiz als Heimat?*
 Versuche über 50 Jahre
1991 gestorben am 4. April in Zürich

Max Frisch im Suhrkamp Verlag
Eine Auswahl

Gesammelte Werke in zeitlicher Folge. Sieben Bände. Herausgegeben von Hans Mayer unter Mitarbeit von Walter Schmitz. Leinen und suhrkamp taschenbuch. 4898 Seiten

Andorra. Stück in zwölf Bildern.
BS 101. 133 Seiten. st 277. 127 Seiten

Biedermann und die Brandstifter. Ein Lehrstück ohne Lehre. Mit einem Nachspiel.
es 41. 122 Seiten. BS 1075. 69 Seiten. st 2545. 95 Seiten

Bin oder Die Reise nach Peking. BS 8. 123 Seiten

Biografie: Ein Spiel. BS 225. 118 Seiten

Blaubart. Eine Erzählung. BS 882, st 2194, Leinen. 172 Seiten

Die Chinesische Mauer. Eine Farce. es 65. 115 Seiten

Dienstbüchlein. st 205. 158 Seiten

Don Juan oder Die Liebe zur Geometrie. Komödie in fünf Akten. es 4. 102 Seiten

Fragebogen. BS 1095 und st 2952. 93 Seiten

Homo faber. Ein Bericht. BS 1095. 252 Seiten. st 354. 203 Seiten

Im übrigen bin ich immer völlig allein. Briefwechsel mit der Mutter 1933. Berichte von der Eishockeyweltmeisterschaft in Prag. Reisefeuilletons. Herausgegeben von Walter Obschlager. Mit Illustrationen. 328 Seiten. Leinen

NF 302/1/1.02

Jetzt ist Sehenszeit. Briefe, Notate, Dokumente 1943-1963. Herausgegeben und mit einem Nachwort versehen von Julian Schütt. Mit Abbildungen. 243 Seiten. Broschur

Mein Name sei Gantenbein. Roman. st 286. 288 Seiten

Der Mensch erscheint im Holozän. Eine Erzählung. st 734. 143 Seiten

Montauk. Eine Erzählung. Leinen und st 700. 210 Seiten.

Stich-Worte. Ausgesucht von Uwe Johnson. st 2728. 252 Seiten

Stiller. Roman. 518 Seiten. Leinen. st 105. 438 Seiten

Tagebuch. 1946-1949. st 1148. 400 Seiten

Tagebuch. 1966-1971. st 256 und Leinen. 432 Seiten

Triptychon. Drei szenische Bilder. 114 Seiten. Broschur. st 2261. 140 Seiten

Wilhelm Tell für die Schule. Mit alten Illustrationen. st 2 und Leinen. 125 Seiten

Zu Max Frisch

Max Frisch/Uwe Johnson. Ein Briefwechsel Herausgegeben von Eberhard Fahlke. 200 Seiten. Gebunden. st 3235. 432 Seiten

jetzt: max frisch. Ein Lese- und Bilderbuch. Herausgegeben von Luis Bolliger, Walter Obschlager und Julian Schütt. Großformat. Mit zahlreichen Abbildungen. st 3234. 352 Seiten

NF 302/2/1.02

suhrkamp taschenbücher
Eine Auswahl

Tschingis Aitmatow. Dshamilja. Erzählung. Mit einem Vorwort von Louis Aragon. Übersetzt von Gisela Drohla.
st 1579. 123 Seiten

Isabel Allende
- Eva Luna. Roman. Übersetzt von Lieselotte Kolanoske.
  st 1897. 393 Seiten
- Fortunas Tochter. Roman. Übersetzt von Lieselotte
  Kolanoske. st 3236. 486 Seiten
- Das Geisterhaus. Übersetzt von Anneliese Botond.
  st 1676. 500 Seiten
- Im Reich des Goldenen Drachen. Übersetzt von Svenja
  Becker. st 3689. 337 Seiten
- Paula. Übersetzt von Lieselotte Kolanoske.
  st 2840. 488 Seiten
- Die Stadt der wilden Götter. Übersetzt von Svenja Becker.
  st 3595. 336 Seiten

Ingeborg Bachmann. Malina. Roman. st 641. 368 Seiten

Jurek Becker
- Amanda herzlos. Roman. st 2295. 384 Seiten
- Bronsteins Kinder. Roman. st 2954. 321 Seiten
- Jakob der Lügner. Roman. st 774. 283 Seiten

Samuel Beckett
- Molloy. Roman. Übersetzt von Erich Franzen.
  st 2406. 248 Seiten
- Warten auf Godot. Deutsche Übertragung von Elmar Tophoven. Vorwort von Joachim Kaiser. Dreisprachige Aussprache. st 1. 245 Seiten

Louis Begley
- Lügen in Zeiten des Krieges. Roman. Übersetzt von Christa Krüger. st 2546. 223 Seiten
- Mistlers Abschied. Roman. Übersetzt von Christa Krüger. st 3113. 288 Seiten
- Schiffbruch. Roman. Übersetzt von Christa Krüger. st 3708. 288 Seiten
- Schmidt. Roman. Übersetzt von Christa Krüger. st 3000. 320 Seiten
- Schmidts Bewährung. Roman. Übersetzt von Christa Krüger. st 3436. 314 Seiten

Thomas Bernhard
- Alte Meister. Komödie. st 1553. 311 Seiten
- Heldenplatz. st 2474. 164 Seiten
- Holzfällen. st 3188. 336 Seiten
- Wittgensteins Neffe. st 1465. 164 Seiten

Peter Bichsel
- Eigentlich möchte Frau Blum den Milchmann kennenlernen. 21 Geschichten. st 2567. 73 Seiten
- Kindergeschichten. st 2642. 84 Seiten

Ketil Bjørnstad. Villa Europa. Übersetzt von Ina Kronenberger. st 3730. 536 Seiten

Volker Braun. Unvollendete Geschichte. st 1660. 112 Seiten

Bertolt Brecht
- Dreigroschenroman. st 1846. 392 Seiten
- Geschichten vom Herrn Keuner. st 16. 108 Seiten
- Hundert Gedichte. Ausgewählt von Siegfried Unseld. st 2800. 188 Seiten

Lily Brett
- Einfach so. Roman. Übersetzt von Anne Lösch.
  st 3033. 446 Seiten
- New York. Übersetzt von Melanie Walz. st 3291. 160 Seiten
- Zu sehen. Übersetzt von Anne Lösch. st 3148. 332 Seiten

Antonia S. Byatt. Besessen. Roman. Übersetzt von Melanie
Walz. st 2376. 632 Seiten

Truman Capote. Die Grasharfe. Roman. Übersetzt von An-
nemarie Seidel und Friedrich Podszus. st 3135. 208 Seiten

Paul Celan. Gesammelte Werke 1-3. Gedichte, Prosa, Reden.
Drei Bände. st 3202-3204. 998 Seiten

Clarín. Die Präsidentin. Roman. Übersetzt von Egon Hart-
mann. Mit einem Nachwort von F. R. Fries. st 1390. 864 Seiten

Sigrid Damm. Ich bin nicht Ottilie. Roman. st 2999. 392 Seiten

Marguerite Duras. Der Liebhaber. Übersetzt von Ilma
Rakusa. st 1629. 194 Seiten

Karen Duve. Keine Ahnung. Erzählungen. st 3035. 167 Seiten

Hans Magnus Enzensberger
- Ach Europa! Wahrnehmungen aus sieben Ländern. Mit
  einem Epilog aus dem Jahre 2006. st 1690. 501 Seiten
- Gedichte. Verteidigung der Wölfe. Landessprache. Blinden-
  schrift. Die Furie des Verschwindens. Zukunftsmusik.
  Kiosk. Sechs Bände in Kassette. st 3047. 633 Seiten

Hans Magnus Enzensberger (Hg.). Museum der modernen
Poesie. st 3446. 850 Seiten

Laura Esquivel. Bittersüße Schokolade. Mexikanischer Roman um Liebe, Kochrezepte und bewährte Hausmittel. Übersetzt von Petra Strien. st 2391. 278 Seiten

Max Frisch
- Andorra. Stück in zwölf Bildern. st 277. 127 Seiten
- Biedermann und die Brandstifter. Ein Lehrstück ohne Lehre. st 2545. 95 Seiten
- Homo faber. Ein Bericht. st 354. 203 Seiten
- Mein Name sei Gantenbein. Roman. st 286. 288 Seiten
- Montauk. Eine Erzählung. st 700. 207 Seiten
- Stiller. Roman. st 105. 438 Seiten

Carole L. Glickfeld. Herzweh. Roman. Übersetzt von Charlotte Breuer. st 3541. 448 Seiten

Norbert Gstrein
- Die englischen Jahre. Roman. st 3274. 392 Seiten
- Das Handwerk des Tötens. Roman. st 3729. 357 Seiten

Fattaneh Haj Seyed Javadi. Der Morgen der Trunkenheit. Roman. Übersetzt von Susanne Baghestani. st 3399. 416 Seiten

Peter Handke
- Die drei Versuche. Versuch über die Müdigkeit. Versuch über die Jukebox. Versuch über den geglückten Tag. st 3288. 304 Seiten
- Kindergeschichte. st 3435. 110 Seiten
- Der kurze Brief zum langen Abschied. st 172. 195 Seiten
- Die linkshändige Frau. Erzählung. st 3434. 102 Seiten
- Mein Jahr in der Niemandsbucht. Ein Märchen aus den neuen Zeiten. st 3084. 632 Seiten
- Wunschloses Unglück. Erzählung. st 146. 105 Seiten

Christoph Hein
- Der fremde Freund. Drachenblut. Novelle. st 3476. 176 Seiten
- Horns Ende. Roman. st 3479. 320 Seiten
- Landnahme. Roman. st 3729. 357 Seiten
- Willenbrock. Roman. st 3296. 320 Seiten

Marie Hermanson
- Muschelstrand. Roman. Übersetzt von Regine Elsässer.
  st 3390. 304 Seiten
- Die Schmetterlingsfrau. Roman. Übersetzt von Regine
  Elsässer. st 3555. 242 Seiten

Hermann Hesse
- Demian. Die Geschichte von Emil Sinclairs Jugend.
  st 206. 200 Seiten
- Das Glasperlenspiel. Versuch einer Lebensbeschreibung des
  Magister Ludi Josef Knecht samt Knechts hinterlassenen
  Schriften. st 2572. 616 Seiten
- Siddhartha. Eine indische Dichtung. st 182. 136 Seiten
- Unterm Rad. Erzählung. st 52. 166 Seiten
- Steppenwolf. Erzählung. st 175. 280 Seiten

Ödön von Horváth
- Geschichten aus dem Wiener Wald. st 3336. 266 Seiten
- Glaube, Liebe, Hoffnung. st 3338. 160 Seiten
- Jugend ohne Gott. st 3345. 182 Seiten
- Kasimir und Karoline. st 3337. 160 Seiten

Bohumil Hrabal. Ich habe den englischen König bedient.
Roman. Übersetzt von Karl-Heinz Jähn. st 1754. 301 Seiten

Uwe Johnson
- Jahrestage. Aus dem Leben der Gesine Cresspahl. Einbän-
  dige Ausgabe. st 3220. 1728 Seiten
- Mutmassungen über Jakob. st 3128. 308 Seiten

James Joyce
- Dubliner. Übersetzt von Dieter E. Zimmer.
  st 2454. 228 Seiten
- Ulysses. Roman. Übersetzt von Hans Wollschläger.
  st 2551. 988 Seiten

Franz Kafka
- Amerika. Roman. st 2654. 311 Seiten
- Der Prozeß. Roman. st 2837. 282 Seiten
- Das Schloß. Roman. st 2565. 424 Seiten

André Kaminski. Nächstes Jahr in Jerusalem. Roman.
st 1519. 392 Seiten

Ioanna Karystiani. Schattenhochzeit. Roman. Übersetzt von
Michaela Prinzinger. st 3702. 400 Seiten

Bodo Kirchhoff. Infanta. Roman. st 1872. 502 Seiten

Wolfgang Koeppen
- Tauben im Gras. Roman. st 601. 210 Seiten
- Der Tod in Rom. Roman. st 241. 187 Seiten
- Das Treibhaus. Roman. st 78. 190 Seiten

Else Lasker-Schüler. Gedichte 1902-1943. st 2790. 439 Seiten

Gert Ledig. Vergeltung. Roman. Mit einem Nachwort von
Volker Hage. st 3241. 224 Seiten

Stanisław Lem
- Der futurologische Kongreß. Übersetzt von I. Zimmer-
  mann-Göllheim. st 534. 139 Seiten
- Sterntagebücher. Mit Zeichnungen des Autors. Übersetzt
  von Caesar Rymarowicz. st 459. 478 Seiten

Hermann Lenz. Vergangene Gegenwart. Die Eugen-Rapp-Romane. Neun Bände in Kassette. 3000 Seiten. Kartoniert

H. P. Lovecraft. Cthulhu. Geistergeschichten. Übersetzt von H. C. Artmann. Vorwort von Giorgio Manganelli. st 29. 239 Seiten

Amin Maalouf
- Leo Africanus. Der Sklave des Papstes. Roman. Übersetzt von Bettina Klingler und Nicola Volland. st 3121. 480 Seiten
- Die Reisen des Herrn Baldassare. Roman. Übersetzt von Ina Kronenberger. st 3531. 496 Seiten
- Samarkand. Roman. Übersetzt von Widulind Clerc-Erle. st 3190. 384 Seiten

Andreas Maier
- Klausen. Roman. st 3569. 216 Seiten
- Wäldchestag. Roman. st 3381. 315 Seiten

Angeles Mastretta. Emilia. Roman. Übersetzt von Petra Strien. st 3062. 413 Seiten

Robert Menasse
- Selige Zeiten, brüchige Welt. Roman. st 2312. 374 Seiten
- Sinnliche Gewißheit. Roman. st 2688. 329 Seiten
- Die Vertreibung aus der Hölle. Roman. st 3493. 496 Seiten
- Das war Österreich. Gesammelte Essays zum Land ohne Eigenschaften. st 3691. 464 Seiten

Eduardo Mendoza. Die Stadt der Wunder. Roman. Übersetzt von Peter Schwaar. st 2142. 503 Seiten

Alice Miller
- Am Anfang war Erziehung. st 951. 322 Seiten

Marcel Proust. Auf der Suche nach der verlorenen Zeit. Frankfurter Ausgabe. Herausgegeben von Luzius Keller. Übersetzt von Eva Rechel-Mertens. Sieben Bände in Kassette. st 3641-3647. 5300 Seiten

João Ubaldo Ribeiro. Brasilien, Brasilien. Roman. Übersetzt von Curt Meyer-Clason und Jacob Deutsch. st 3098. 731 Seiten

Patrick Roth
- Corpus Christi. st 3064. 192 Seiten
- Die Nacht der Zeitlosen. st 3682. 150 Seiten

Ralf Rothmann
- Hitze. Roman. st 3675. 292 Seiten
- Junges Licht. Roman. st 3754. 238 Seiten
- Milch und Kohle. Roman. st 3309. 224 Seiten

Carlos Ruiz Zafón. Der Schatten des Windes. Übersetzt von Peter Schwaar. st 3800. 565 Seiten

Jorge Semprún. Was für ein schöner Sonntag! Übersetzt von Johannes Piron. st 3032. 394 Seiten

Arnold Stadler. Mein Hund, meine Sau, mein Leben. Roman. Mit einem Nachwort von Martin Walser. st 2575. 164 Seiten

Andrzej Stasiuk. Die Welt hinter Dukla. Übersetzt von Olaf Kühl. st 3391. 175 Seiten

Jürgen Teipel. Verschwende Deine Jugend. Ein Doku-Roman. Über den deutschen Punk und New Wave. Vorwort von Jan Müller. Mit zahlreichen Abbildungen. st 3271. 336 Seiten

Hans-Ulrich Treichel
- Der irdische Amor. Roman. st 3603. 256 Seiten

- Tristanakkord. Roman. st 3303. 238 Seiten
- Der Verlorene. Erzählung. st 3061. 175 Seiten

Galsan Tschinag
- Der blaue Himmel. Roman. st 2720. 178 Seiten
- Die graue Erde. Roman. st 3196. 288 Seiten
- Der weiße Berg. Roman. st 3378. 290 Seiten

Mario Vargas Llosa
- Das Fest des Ziegenbocks. Roman. Übersetzt von Elke Wehr. st 3427. 540 Seiten
- Das grüne Haus. Roman. Übersetzt von Wolfgang A. Luchting. st 342. 429 Seiten
- Der Krieg am Ende der Welt. Roman. Übersetzt von Anneliese Botond. st 1343. 725 Seiten
- Tante Julia und der Kunstschreiber. Roman. Übersetzt von Heidrun Adler. st 1520. 392 Seiten
- Das Paradies ist anderswo. Roman. Übersetzt von Elke Wehr. st 3713. 496 Seiten
- Tod in den Anden. Roman. Übersetzt von Elke Wehr. st 2774. 384 Seiten

Martin Walser
- Brandung. Roman. st 1374. 319 Seiten
- Ehen in Philippsburg. st 1209. 343 Seiten
- Ein fliehendes Pferd. Novelle. st 600. 151 Seiten
- Halbzeit. Roman. st 2657. 778 Seiten
- Ein springender Brunnen. Roman. st 3100. 416 Seiten
- Seelenarbeit. Roman. st 3361. 300 Seiten

Robert Walser
- Der Gehülfe. Roman. st 1110. 316 Seiten
- Geschwister Tanner. Roman. st 1109. 381 Seiten
- Jakob von Gunten. Ein Tagebuch. st 1111. 184 Seiten